Nancy Zecca

Man kann im Leben nicht ankommen, oder?
Höre auf mit Gehirn-Masturbation

Copyright © 2023, Antonio Mario Zecca
Herstellung und Verlag:
BoD – Books on Demand, Norderstedt
ISBN: 9783752668407

Im Leben streben wir nach Zielen und Träumen. Wir arbeiten hart, um unsere Karriere voranzutreiben oder um unsere Leidenschaft zu verfolgen. Wir sparen Geld, um eine schöne Wohnung oder Haus zu kaufen. Wir investieren Zeit in Beziehungen und Freundschaften, um sie zu pflegen und zu stärken. Wir tun all diese Dinge, um ein Ziel zu erreichen, um anzukommen. Aber in Wahrheit gibt es kein endgültiges Ziel im Leben. Immer wenn wir denken, wir hätten endlich erreicht, was wir wollten, öffnen sich neue Türen, neue Chancen und Herausforderungen erfordern unsere Aufmerksamkeit und Energie. Das Leben ist eine nie endende Reise, auf der wir lernen, uns anzupassen und unser Bestes geben müssen. Wir können nicht einfach an einem Punkt ankommen und alles ist perfekt. Das Leben ist voller Hindernisse, Überraschungen und Herausforderungen. Aber das ist auch das Schöne am Leben. Jeder Tag bietet neue Möglichkeiten und Erlebnisse. Wir müssen unsere Erwartungen und Hoffnungen anpassen und lernen, uns an

Veränderungen anzupassen. Im Leben geht es weniger darum, ein bestimmtes Ziel zu erreichen, sondern mehr darum, jeden Tag zu leben, bewusst zu sein und das Beste daraus zu machen. Wir sollten uns auf die Reise konzentrieren, auf die Erfahrungen und Begegnungen, die wir unterwegs machen. Jeder Schritt, den wir machen, macht uns zu dem, was wir sind. Also lass uns das Leben als endlose Reise betrachten und das Beste daraus machen. Lass uns aus unseren Fehlern und Erfahrungen lernen, lass uns flexibel sein und uns auf neue Möglichkeiten freuen. Wir werden niemals wirklich ankommen, aber wir können sicher sein, dass jede Station auf der Reise uns bereichert und uns zu wunderbaren, einzigartigen Menschen macht.

Ein Liebesbrief an mein Leben, und eine Danksagung an meine
Ehefrau, Familie und Lebensabschnittgefährten.

Liebes Leben, ich schreibe diesen Brief, um dir zu sagen, wie
dankbar ich dir bin. Das du mir die Erfahrungen mit meinen Eltern,
vor allem meinem Vater diesen Mistkerl nicht von mir ferngehalten
hast. Die Erfahrungen im Beruf, meinem Diabetes, der
Arbeitslosigkeit, der Umschulung, des Arbeitsamtes, der Arge, des
Jobcenters, des Harz IV und des Bürgergeldes nicht von mir
Ferngehalten hast. Ansonsten, du hast mich immer in deinen Armen
gehalten, mich wieder dazu bewogen weiterzumachen.
Durch die Sonnen und Schattenseiten des Lebens geführt. Im
Jahre2009 da wolltest du mich einfach so verlassen, und ein anderer
übernahm das Drehbuch, es war der Tod, er drängte sich zwischen
uns. Ich kämpfte um unsere Liebe, du hattest ein Einsehen und
kamst mir zu Hilfe, dafür danke ich dir vom ganzen Herzen.
Liebes Leben, du hast mir auch gezeigt, wie ich mich selbst Lieben
kann, damit ich auch andere Lieben kann. Das wollte ich dir schon

lange einmal Sagen. Ich hoffe das wir noch vieles Gemeinsam erleben.

In Liebe und Dankbarkeit,

Nancy Zecca

Auch an meine Lieben, meiner Frau und der Rest der Familie, Danke an euch allen.

Meinen Lebensabschnittgefährten, auch einen lieben Dank, für deine moralische Unterstützung. Auch wenn du mir manches Mal auf den Sack gehst.

Vielen Dank an Michael Bartke

Aber ich bin schon 63 Jahre alt, aber im Leben angekommen, bin ich immer noch nicht.

Einführung

Was ist Gehirn Masturbation?

"Gehirn Masturbation" ist ein Begriff, der verwendet wird, um zu beschreiben, wenn jemand sich in sinnlosem oder intellektuell anspruchsvollem Denken oder Diskussionen verliert, ohne dabei einen tatsächlichen Nutzen oder Fortschritt zu erzielen. Es ist ein Begriff, der oft abwertend verwendet wird und impliziert, dass die Person in einer Art selbstgefälligen und unnützen Aktivität involviert ist.

Der Begriff "Gehirn Masturbation" ist ein informeller und umgangssprachlicher Ausdruck, der oft in informellen Kontexten, wie zum Beispiel in lockerer Konversation oder in Internetforen, verwendet wird. Der Ausdruck kann auf verschiedene Situationen angewendet werden, in denen eine Person sich in intellektuellen Aktivitäten verliert, die letztendlich keinen praktischen Nutzen haben oder keine wirklichen Fortschritte erzielen.

Es ist wichtig zu beachten, dass der Begriff "Gehirn Masturbation" subjektiv ist und von Person zu Person unterschiedlich sein kann. Was für eine Person ein sinnvolles intellektuelles Unterfangen sein mag, kann für eine andere Person als sinnlos oder nutzlos erscheinen. Darüber hinaus kann die Grenze zwischen sinnvollen intellektuellen Aktivitäten und "Gehirn Masturbation" oft schwierig zu definieren sein und hängt von den Zielen und Absichten einer Person ab.

Insgesamt ist "Gehirn Masturbation" ein Ausdruck, der verwendet wird, um die Aktivitäten von Personen zu beschreiben, die sich in sinnlosem oder intellektuell anspruchsvollem Denken verlieren, ohne dabei einen praktischen Nutzen oder Fortschritt zu erzielen.

Aus der Sichtweise als Sohn

Bringt es etwas, über Vergangenes allweil nachzudenken?

Ich denke auch von Zeit zu Zeit zurück bis in die Kindheit. Ich gab meinem Papa immer die Schuld daran, dass ich so ein verkorkstes Leben habe. Ständig ist von meinem Gehirn her vor Augen, das Eine: Was hätte sich zugetragen, insofern mein Vater meine Mutter nicht so abwertend behandelt hätte? Genauer gesagt, was wäre, wenn? Frage ich mich, dass nur? Ich glaube jeder, der einigermaßen bei Verstand ist, wird sich die eine oder andere Frage schon mehrmals gestellt haben. Nun, mein Vater verfügte ohne Frage auch über begabtes Potenzial. Er sprach 7 Sprachen nahezu perfekt. Er brachte ein gewisses Talent an den Tag, beispielsweise jenes Manipulieren von Frauen. Ich kann bis heute schwer verstehen, was meine Mutter an diesen Mann fand. Mein Vater war Italiener und von seiner Erscheinung ein kleiner unscheinbarer Mann. Jener verstand es, meine Mutter um den Finger zu wickeln. Er kam nach Deutschland, als Gastarbeiter. Dass die Mutter auf so einen banalen Spruch hereingefallen ist, mit: »Hallo, Bella-Bionda«, übersetzt: »Schöne Blonde.« Da kommt mir jetzt der Gedanke: Angenommen, sie wäre einfach weiter gegangen, was wäre heute bei mir anders. Meiner Mutter wäre es besser bekommen, eventuell weniger Schulden. Denn das konnte mein Vater gut, Schulden machen auf Kosten der Frauen, mit denen er ein Verhältnis hatte. Nach der Hochzeit gründete er bei uns ein Bauunternehmen. Meine Mutter war die offizielle Unternehmerin, aber bloß auf dem Papier. Real nicht, vor dem Gesetz schon, was sie bei Leibhaftigkeit einige Jahre später, sie zu spüren in einer Gerichtsverhandlung, wegen Steuerhinterziehung bekam. Ich für meinen Teil habe diese Anziehungskraft nicht auf Frauen, diese Gabe bekam ich keinesfalls von meinem Vater mit, ins kommende weitere Leben. Nein nur die negativen Eigenschaften, die schon. Animosität war eine Eigenart, die ich vererbt bekam. Das Schulden machen, habe ich in Leib und Blut verinnerlicht. Gehört es dazu, die Fehler des Vaters fortzuführen? Bin ich eigentlich selbst Schuld, alleine verantwortlich für das Leben, was ich führe. Man sagt ja, Gott hat uns die Freiheit gegeben, dass wir frei entscheiden können. Im Umkehrschluss erschuf dieser himmlische Schöpfer diejenigen Gene, welche von den Eltern an die Nachfahren

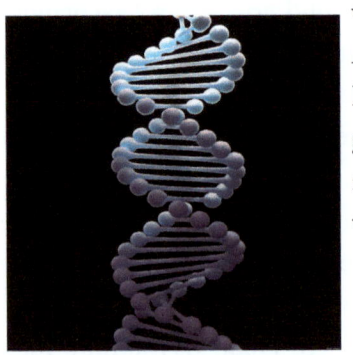

weitergegeben werden. Die Aussage ist ja nicht umsonst: Es steht in deinen Genen, geschrieben. Das wurde einem genauso zum x-ten Mal vormals in die Wiege gelegt.

Das Leben

Arbeitslos und nun?

Ja so ist das, jene gewesene, klassisch anerzogene Vorstellung von sich selbst: Man wäre im Job unersetzlich und müsste dort jederzeit unentwegt schuften, sonst liefe im Betrieb sowieso nichts richtig rund. Doch unweigerlich folgt dann daraufhin diejenige Gewissheit: Es steigt einem alles über den Kopf …

Burn-out, ebendas angelsächsisch moderne Wort für, Überarbeitung, schlechthin. Dazu ist zu sagen, bei jenem Lebensmittelbetrieb wo ich mit 16 Jahren angefangen habe war saisonbedingt die ersten Jahre bis 1980 nie umhinzukommen, diese Tätigkeit immer mal auszusetzen, da es im Winter nun kaum etwas zu tun gab. Damals war die Zeit noch anders. Man bekam relativ schnell wieder Arbeit, wenn man nur wollte. So wie bei mir auch: circa ab 1981 bis 1999 dann durchweg wieder bei dieser altvertrauten Firma Steinhaus & Co Kg angestellt, wobei ich es bis zum Produktionsleiter aus eigener Kraft geschafft habe, und das als Ungelernter, wohlbemerkt. Zumal ich diesen Posten von 1990 bis 1999 ausübte. Erst kam aus heiteren Himmel mir eine Knieoperation dazwischen, bald folgten die ersten emotionalen Depressionen in meinem Leben. Daraufhin erwuchs eine dreimonatige Arbeitsunfähigkeit, wobei unsereins Zeit hatte, über den Sinn des Lebens nachzudenken. Ist das etwa alles, nur zu arbeiten? Oder kommt da noch mehr? Ja, aber nicht so, wie ich es gerne gehabt hätte. Ok, finanziell gesehen ging es derzeit noch mit dem Arbeitslosengeld. Im Vergleich zur gegenwärtigen Epoche konnte man davon bislang haltbar leben: ` Mal sechs Monate gar nix machen, kann man mit leben; allerdings für immer, nee nicht mein Ding! ´ Ich mit dem Mitarbeiter vom Arbeitsamt gesprochen wie sieht es aus mit einer Umschulung. Ja meinte der kein Problem, sie haben ja den Gabelstaplerschein und da wäre es doch naheliegend, eine Ausbildung zum Handelsfachpacker, zu machen. Oh je was in Herrgottsnamen macht ein Handelsfachpacker so. Sie können ja mal zur Schule in Remscheid gehen und sich das Anhören vielleicht ist das ja etwas für sie, meinte der Sachbearbeiter zu mir, ich dachte nur, warum kannst du nicht deine Klappe halten, wie andere und warten bis sich jemand meldet. Nein, du musst wieder aus der Reihe Tanzen und dich freiwillig melden. Na gut es half nichts zur Telefonzelle und die Schule angerufen und einen Termin gemacht. Ja sie können sofort vorbei kommen, wir haben noch Plätze frei, ihr Sachbearbeiter hat schon bei uns angerufen und es spricht nichts dagegen, den Vertrag mit ihnen zu machen. Autsch das tat weh, bin quasi aufs Glatteis geführt worden. Erst hieß es, ich könnte ja mal schauen und jetzt Vertrag. So ist das, wie heißt es so schön, alles, was sie sagen, kann gegen sie verwendet werden. Das glaube ich, heute habe ich genug Lehrgeld bezahlt. Also ohne mich großartig zur Wehr zu setzen habe ich den Vertrag gemacht zur Umschulung, und es begann dann im folgenden Monat, ich zur Schule und mal sehen wer da so ist, zu meinem Erstaunen waren da von 23 Jahren bis 58 Jahren alles dabei. Was für Knaller, meine fresse, ich bereute es schon jetzt, dass ich unterschrieben habe. Aber es kam anders, ich war so eine Woche im Unterricht, da begann es mit Bruchrechnen. Ich grübelte, wie war das noch mit dem Bruchrechnen, man keinen Plan mehr wie das geht, ich mich total dumm gestellt und rumgenörgelt, was das sollte. Der Dozent, ob das wohl das Richtige ist, mit ihnen. Ich sagte: »Ich muss das ja machen, man hat es mir so erklärt, das ich es machen muss. Da ich ja den Vertrag unterschrieben habe.«

Aber das war nicht so, ich konnte es sofort beenden. Da ich ja nicht an dem Einstellungstest teilgenommen habe und auf Mathe und so getestet worden bin. Sondern ohne Info den Vertrag unterschrieben habe. Und ich war nicht der Einzige. So gingen noch vier Mann mit mir zum Amt. Puh noch mal davon gekommen, von meinen ehemaligen Kollegen von da hat keiner je in diesen Beruf fußgefasst. Aber wer meint, dass die Mitarbeiter vom Arbeitsamt keine Kreativität besitzen weit gefehlt. Ich musste einen neuen Termin machen. Eine Einladung zum Gespräch bekommen. Dann war es so weit. Ah der Herr Zecca, da ist er ja, das war ja wohl nichts mit ihnen. Ich hätte Schwören können, dass das ihr Traumberuf hätte werden können. Ich dachte nur, warum arbeitet er hier im Arbeitsamt, er hat doch Talent als Komiker. Aber egal, soll nicht mein Problem sein. Dann setzen sie sich mal, und was schwebt ihnen denn so vor, was sie beruflich machen wollen. Ich ganz frech, nichts mit Bruchrechnen. Na ja, man kann das aber wieder lernen in Abendschulen.

Ich kann mir vorstellen, etwas mit Computern zu machen.

Computer, alles, was es damit auf sich hat. Na gut, da müssen sie etwas warten. Es gibt so einen, IT Check-up Kurs. Den könnten sie machen, der fängt demnächst an und dauert drei Monate und dann sehen wir ob es etwas ist für sie. Ich war schon am Überlegen, ob ich mich beim Arbeitsamt bewerben sollte, denn Sprüche Reißen kann ich auch. Also ich hab mich eingeschrieben und es drei Monate gemacht, es war interessant und das Beste dabei kein Bruchrechnen. Aber hexadezimal und so Kleinigkeiten wie Programmierung, Netzwerke erstellen, Dos-Grundlagen und web Design. Als die Maßnahme beendet war, und ich mich entschieden habe, eine Umschulung zu machen zum IT-System Elektroniker. Sagte man mir erst zu, das könnte ich machen, das würde demnächst losgehen in Solingen, ich hatte mich so gefreut darauf. Endlich mal Glück gehabt, aber wie immer habe die Rechnung ohne den Clown gemacht. Ich wurde wieder vorgeladen und diesmal wieder eine Enttäuschung. Erst einmal es war jetzt fast schon ein Jahr rum, wo nichts in die Reihe kam. Man könnte auch genauso die Beine hochlegen, aber was meinte mein Sachbearbeiter, tut mir ja so leid, aber das mit der Ausbildung wird wohl nichts. Das hat nichts mit ihnen zu tun. Das liegt daran, dass es so viele in dem Berufsfeld arbeitslos sind. Was nun? Sie müssen sich mal entscheiden, was sie wollen. Ich, hallo habe mich entschieden, ja aber das geht nun mal nicht, was könnten sie sich denn noch vorstellen? Jener Sachbearbeiter beim Arbeitsamt, er meinte, kann ja auch nichts s dafür. Habe ich irgendetwas gesagt, ich habe doch nur geantwortet. Die Frage was ich mir vorstellen könnte. Gar nicht so einfach, aber Lkw fahren, hat mir spaß gemacht. Ah da habe ich das richtige, aber das dauert fast zwei Jahre mit Praktikum, zum anerkannten Berufskraftfahrer. Ok sagte ich, besser als rumzugammeln.

Der Führerschein Klasse C CE war gar nicht so schwer wie gedacht. Nur wenn man Mitstreiter dabei hat, die nach zig Wiederholungen von der Bremsanlage noch Fragen haben, warum die Schläuche der Bremsanlage Rot und Blau dargestellt sind, könnte man, ok habe mich wieder im Griff.

Na ja ich konnte nach 14 Tagen theoretische Prüfung machen. Das war kein Problem, rein zum TÜV nach drei Fragebögen beantwortet und 0 Fehlergehabt, man das war ja einfach, leichter wie Bruchrechnen auf jeden Fall. Zurück zur Fahrschule und der Fahrlehrer meinte, wenn ich wollte, könnte ich zu Hause bleiben. Die nächsten drei Wochen bis die anderen dann so weit sind. Das liegt daran, dass die anderen, die Papiere so spät abgegeben haben, hm nur daran? Na ja egal, ich komme weiterhin zum Unterricht.

Aber es dauerte und dann kommt ja noch der Gabelstaplerführerschein, der muss auch noch gemacht werden. Habe meinen Fahrlehrer gefragt, ob ich diesen Unsinn auch mitmachen muss. Ich habe schon 20 Jahre den Schein und 21 Jahre bin ich gefahren. Er meinte, ich könnte die Theorie ja schon mal machen, sind so ein paar Fragebogen. Ja kann ich machen, wann wollen sie die wiederhaben? Ach bis Ende der Woche, ich hm, ich meinte eigentlich, heute in der Pause, oder zum Feierabend. Er lachte, oh man das kann ja etwas geben, noch bei dem Praktischen teil.

Ich die Fragebogen ausgefüllt und abgegeben. Was soll ich sagen, hat sich ein Fehler eingeschlichen. Egal wem interessiert es, ob es hydrostatisch oder hygrostatisch heißt. Ich muss das Ding nur fahren, Bauen und reparieren ist nicht meine Aufgabe oder? Alles in allem war ich zufrieden, hatte etwas zu tun. War ab und an auch Prüfer und habe die Fragebögen ausgewertet und die Bremsen erklärt. Der Herr Grewe, unser Fahrlehrer ist zwischendurch mal weggewesen und hat Fahrunterricht gegeben und ich saß am Schreibtisch und habe Unterricht abgehalten.

Dann endlich der besagte Tag hurra Gabelstapler fahren. Mein Fahrlehrer kam. Ich war sehr früh auf dem Gelände und wartete auf die anderen. Da kam der Fahrlehrer, ging in die Halle auf dem Betriebshof einer Lkw-Werkstatt wo der Gabelstapler, so sehr nahe an der Wand stand und der Fahrlehrer seine Probleme hatte damit, ihn hinaus zu bekommen. So nach 15 Minuten gab er es auf. Und meinte zu mir, sie haben doch einen Schein und haben Erfahrung damit, meinen sie, sie bekommen ihn da von der Wand weg.

Ach kein Problem, das hätten sie auch geschafft, wenn sie anders herum gelenkt hätten. Ich darauf angemacht Gabel etwas Hoch genommen und etwas eingeschlagen und mit einem Rutsch hinaus gefahren. Da meinte mein Fahrlehrer, er hätte schon so viel Zeit verloren, ob ich diesen Übungsparcour, aufbauen kann. Aber ich sollte nicht so viel Paletten auf einmal nehmen, Ach habe gesagt, dreimal hin und her dann steht der Pakcour, er kam und sagte unterschreiben sie hier unten dann können sie nach Hause gehen sie wohnen ja nicht so weit von hier. Ich ok, gut danke, ja dann bis Morgen. Ich mit einem, den Gabelstaplerschein auch schon wieder im Sack.

Dann so nach einem Monat, fingen wir mit dem Lkw Fahren an. Das tat gut, hinaus zu fahren, wenn es nicht dieser Arsch von Fahrlehrer gäbe. Die meinen einen den Tag versauen zu müssen, nur weil sie am Wochenende nicht zum Stich kamen. So einen haben wir gehabt. Aber selber zu Blöde, aus der Ausfahrt zu fahren, ohne eine Mülltonne zu schreddern. Ich hätte am liebsten gesagt, dass er nicht alle getroffen hat, aber besser nicht. Ich sagte: »Nah auch schon lange her, wo sie so ein Schweres-Fahrzeug gefahren sind!«

Fahrlehrer mit einem: »Wieso? Machen sie es mal besser, dann können sie mich benoten.«

Ich: »Ich glaube, das schaffe ich noch, hier ohne anzuecken, rauszufahren, da kenn ich engere Stellen, ist ja nicht so, als wäre ich zum ersten Mal auf so einen Bock.«

Er schaute dumm aus der Wäsche und sagte: »Dann können sie ja weiterfahren.«

Warum kann ich meine Schnauze nicht halten. Und das ging jetzt so bis zur Prüfung, so weiter mit uns, manchmal bin ich unterwegs ausgestiegen, weil er mir so auf den Sack ging, dass ich die Schnauzte so voll hatte, dass ich es hinwerfen wollte. Aber ich war nicht der Einzige. Es waren auch welche manchmal am Weinen, weil sie so fertig gemacht wurden. Dann kam die Nachtfahrt, wo er meinte, jetzt könnte er mich komplett fertigmachen. Ich habe gar nichts gesagt, habe mir so etwas von einen Dummen angetan, das er am Verzweifeln war. Wenn er sagte, im Kreisverkehr sollte ich mehr rechts fahren, bin ich nach links gefahren und umgekehrt. Der Herr Radder dachte, er könnte mich in eine Falle locken, aber dem habe ich was gepustet, er meinte die Straße folgen immer geradeaus, aber dann währe ich, in eine für Kraftfahrzeuge aller Art gesperrte Straße hinein gefahren. Er meinte, ich habe nichts von Abbiegen gesagt.«

Ich: »Das weiß ich, aber Schilder kann ich noch lesen.«

Er sagte: »Der Mann spricht doch, mit, gut erkannt Herr Zecca, am Freitag haben Sie Prüfung, hier werden wir bestimmt entlang kommen, aber im Kreisverkehr, fahren sie lieber etwas mehr Rechts.«

Am Feierabend meinte er noch, wo die Sturheit herkommt. Ich habe ihm gesagt, ich frage mich auch immer, warum Fahrlehrer, die von der Bundeswehr kommen, immer Arschlöcher sind, damit war unser Gespräch vorerst beendet. Die Prüfung war nicht schwer, bin so genau Gefahren, nach der Geschwindigkeit, dass der Prüfer sagte, ich soll hinmachen, und nicht so ganz mich an die Schilder halten. Ich ging darauf nicht ein. Der Prüfer gab es auf. Auf einem Rastplatz wurde gewechselt und die auf die Autobahn Prüfung war vorbei, und dann meinte der Prüfer: »Alles Gute, aber in Zukunft fahren sie ruhig etwas schneller, sonst schaffen sie die Touren bestimmt nicht.«

Ich: »Danke, aber ich weiß schon, was ich tue, einen schönen Tag wünsche ich ihnen.«

Das Praktikum

Mein erstes Praktikum war ein Griff ins Klo. Wieso? Ach nur so, ok besser als nichts, mein Fahrlehrer meinte, er hat mir eine Praktikumsstelle besorgt, bei einer Spedition die ihren Sitz in Lennep hat und ein noch junges Unternehmen ist. Er kennt die Inhaber gut, da sie alle den Lkw Führerschein bei ihm gemacht haben. Oje das kann doch nix sein. Ich begab mich dorthin. Ich stellte mich vor bei den Gebrüdern Langenscheid und sie meinten, ob ich handwerkliches Geschick habe. Da könnte ja am Auflieger erst einmal die Reifen alle Wechseln. Dann hätte ich den ersten Tag rum, ach du Scheiße bei 35 Grad im Schatten geil, das wollte ich immer schon machen. Der Chef meinte, wenn ich Hilfe benötige, sollte ich rufen. Ok meine Antwort, er ging und ich dachte nur an Flucht. Aber wie kann ich den Praktikumsvertrag umgehen, ohne das ich negativ auffalle. Aber es fällt mir bestimmt noch ein, man hat mir nachgesagt, dass ich sehr kreativ sei, und ob! Innerlich am Grinsen fing ich an zu nerven, das kann ich sehr gut. Ich: »Chef wo haben wir das Werkzeug, Wagenheber und wo muss ich ihn unterlegen zum Aufbocken?«

Er: »Ich dachte, sie wären handwerklich geschickt.«

Ich: »Ja das bin ich eigentlich auch, zum Bild aufhängen reicht es ja auch, ich habe eigentlich gedacht, ich soll das fahren lernen. Von Automechaniker war nicht die Rede.«

Mein damaliger Chef meinte: »Gut wir machen es zusammen, die ersten Räder.«

Er wollte es mir zeigen, wie das geht.

Ich sagte: »Toll, das ist aber nett von ihnen.« Ich dachte nur, bestimmt gibt es jetzt was zu lachen. Ich hatte zu diesen Zeitpunkt ein Gewicht von 108 kg und war auch Kräftiger wie mein Chef. Das war ein Bild, so köstlich anzusehen, wo er das erste Rad aus der Garage holte, er ist bald damit umgefallen.

Dann sagte er: »Wie würden sie jetzt weiter machen?«

Ich: » Service anrufen was sonst, ich bin Fahrer kein Monteur.«

Herr Langenscheid: »Das wird wohl nix, mit ihnen, wenn sie nicht wollen, muss ich ihren Fahrlehrer mal anrufen.« Ich sagte: »Haben sie die Nr. oder soll ich ihn anrufen für Sie.«

Er beschwerte sich am ersten Tag schon, ich wurde eingeladen, heute noch in die Fahrschule zu kommen. Was ich auch Tat, mein Fahrlehrer meinte was für ein Problem, ich hätte. Ich Probleme, nein den Schuh ziehe ich mir nicht an.

Er sagte: »Der Herr Langenscheid hat sich beschwert über sie, sie sind ihm gegenüber frech geworden.«

Ich mit einem: »Hallo, ich bin keine 16 Jahre alt, ich bin in Ausbildung, das ja. Habe 22 Jahre beruf hinter mir, was fällt ihnen Herr Grewe ein so mit mir zu reden, sie sind nicht mein Arbeitgeber. Nur ein Fahrlehrer mehr nicht, mein Arbeitgeber ist zurzeit das Arbeitsamt.«

Er sagte: »Das hat keinen Sinn, weiter zu reden, sie sind uneinsichtig.«

Er argumentierte, nun ja, sie haben noch eine Changs, sie können morgen wieder bei der Spedition weiter Arbeiten. Ok gebe denen noch eine Möglichkeit, mich zu überzeugen, das Praktikum, bei ihnen weiter zu machen, gesagt getan ein weiterer Tag.

Chef zu mir: »So Herr Zecca nehmen sie den 7,5 t und fahren sie erst einmal nach Wuppertal und holen sie Schiffsplatten, zum Auslegen auf dem Auflieger. Nehmen sie aber vorher maß und dann fahren sie die Platten holen.«

Heute habe ich gute Laune, es regnet. Es ist nicht so warm wie gestern. Ich bin dann nach Wuppertal gefahren, war auch schön, habe die Platten bekommen, aber wie war das mit Ladungssicherung? Huch habe Garnichts dabei, das gibt wieder Ärger. Die Schiffsplatten eingeladen und ganz vorsichtig gefahren. Habe dann angerufen, dass ich die Platten bekommen hab, und ob noch etwas anliegt. Ja Sie haben bestimmt noch etwas Platz auf dem Wagen. Ich sollte nach Remscheid fahren und bei einer Stahlfabrik Stangen abholen. Die wüssten Bescheid dort. Ich dachte noch, das kann ja heiter werden noch, keine Gurte dabei, aber das war das kleinste Übel. Wie ich das meine? Ganz einfach, ich kam auf dem Betriebsgelände an und hatte eh die Schnauze voll. Ich habe meinen Praktikumsvertrag vor Augen, noch 6 Monate mit den Bekloppten zusammen. Nein mitnichten, muss das heute beenden. Ich musste rangieren, ist eigentlich alles kein Problem, aber heute bin ich ungeschickt. Den Rückwärtsgang rein, mir einen Zaun ausgesucht, anvisiert und von der Kupplung abgerutscht und Bumm ein Knall und der Zaun aus den Angeln gehoben. Ups, bin ausgestiegen und geschaut, ob der Lkw ein Schaden hat. Nein ein kleiner Kratzer im Lack, der war bestimmt auch schon vorher dort oder? Es kam auch schon einer, der sagte: »Was haben sie denn da angestellt!« Ich: »Ich bin von der Kupplung abgerutscht, aber kein Problem wir sind bestimmt gut versichert. Das kann ja mal Passieren.« Ich dann meine Firma angerufen und mit meinem Chef gesprochen. Ohne Reue versteht sich, habe ihm gesagt: »Das liegt daran, das der Lkw so im schlechten Zustand ist. Die Kupplungspedale ist so abgenutzt, so glatt, kein Wunder das nichts Schlimmeres passiert ist.«

Ihr könnt euch bestimmt vorstellen, wie der gekocht hat.

Er sagte: »Kommen sie zurück zum Hof und versuchen sie es, heil zu bleiben. Das habe ich noch nie erlebt, dass einer am ersten Tag einen Unfall hatte.«

Ich sagte: »Ist doch nicht der erste Tag, bin doch schon zwei Tage bei ihnen beschäftigt. Freue mich schon, auf manchen zukünftigen Einsatz.« Das hat ihm gereicht, er legte auf. Ich dachte, der ist aber kurz angebunden, bestimmt kein starkes Nervenkostüm, oder was meinen sie. Ich die Stangen abgeholt und verladen. Der verlade Meister meinte, ob er mir gurte leihen sollte. Ach nein wozu, ich bekomm eh einen Anschiss gleich. Bestimmt muss ich mir etwas anderes suchen, egal abwarten vielleicht muss ich ja noch härtere Geschütze auffahren. Ob die mich feuern? Ich bin auf dem Hof gefahren, der Chef stand schon da, um mich zu empfangen.

Er schrie mich an mit: »Hören sie mal, das geht so nicht mit ihnen, so etwas wie sie gehört nicht auf einen Lkw!«

Ich: »Wieso? Wie meinen sie das denn?«

Er: »Herr Zecca sie müssten eigentlich ein psychologisches Gutachten erstellen lassen, ob sie so etwas überhaupt fahren dürfen.«

Ich sagte: »Holla die Waldfee, sie können froh sein, dass ich ein so guter Mensch bin. Sonst würde ich jetzt die Polizei anrufen und die Mängel an diesem Lkw auflisten Lassen. Angefangen bei den Bremsen, wo man vorher schon überlegen muss, wann ich sie betätigen soll, damit ich rechtzeitig zum Stehen komm. Und die abgefahrenen Reifen, ob das noch zulässig ist, die aufgeschlitzte Plane mal abgesehen davon.«

Das hat gereicht, er bat mich ins Büro und beendete denn Praktikumsvertrag, mit sofortiger Wirkung. Ich tat natürlich geknickt mein Bedauern darüber kundgegeben und gefragt, ob er mir nicht noch eine Changs einräumen will. Das Heute hat ihm gereicht. Sieht man mal wieder, wo ein Wille, da ein weg. Ich zur Fahrschule gefahren und mich ordnungsgemäß gemeldet und ob ich nicht eine andere Stelle bekommen könnte. Rein zufällig war wieder ein ehemaliger Fahrschüler von meinem Fahrlehrer dort. Der hat nach Praktikanten gefragt. Er würde kaum Freiwillige bekommen. Da es ein Tankwagen unternehmen ist. Und den meisten es zu gefährlich sei, so etwas zu fahren. Ich innerlich, huhu ich mach das sofort. Ich muss dazu sagen, ich habe die ganzen 6 Monate da verbracht und darüber hinaus noch gefahren. Meine Prüfung habe ich mit einer guten Note abgeschlossen, einer 2, keinen weiteren Unfall gehabt wohlbemerkt, dann kam der Diabetes und es war erst einmal vorbei mit dem Fahren.

Diabetes und wo kommt das nun wieder her?

Es war ein Montag und ich wollte in die Stadt und schaute mich ein wenig um. Draußen wo mir was auffiel, man wieso sehe ich alles so verschwommen. Das war doch gestern noch nicht so. Habe ich es nicht bemerkt, dass ich immer schlechter sah in letzter Zeit. Ich sagte mir, gehe ich doch mal zum Augenarzt, wo ich schon mal in die Stadt gehe. Der Augenarzt untersuchte mich und meinte lapidar, sie müssen eine stärkere Brille haben, ich verschreibe ihnen eine. Ich sagte noch, das kann doch nicht sein, dass ich von heute auf morgen schlechter sehe. Er sagte, das hätte ich nur nicht gemerkt und sagte, das gibt sich, mit der neuen Brille wieder. Da viel mir so ein Artikel in eine Apotheken-Zeitschrift ein. Da war die Rede von Zuckerkrankheit und das es auf die Augen schlagen kann. Ich ging in die Apotheke und denen geschildert, was so mein Gefühl sei. Gut sagten sie, wir machen mal einen Test und die vielen aus allen Wolken. Man sie haben einen Wert von 900, normal wären noch so um die 120, ich sollte ganz schnell zum Hausarzt gehen. Gesagt getan und mich da noch mal testen lassen. Da ich aber zu Fuß unterwegs war, habe ich so schon etwas Zucker abgebaut. Es waren nur noch 750 mmol ca., mein Arzt meinte nur, wo kommt das denn her, so schnell. Er habe doch vor einem Jahr eine Blutuntersuchung gemacht und da war alles in Ordnung. Er gab mir eine Überweisung ins Krankenhaus. Von wegen eine Brille und dann geht es schon. Oha das musste ich erst einmal verdauen. Ich bin geknickt nach Hause, ich jetzt Diabetiker, da kann ich mir ja direkt die Kugel geben, waren meine Gedanken und wenn du jetzt in ein Krankenhaus musst für wie lange? Wie wird es weiter gehen alles. So viele fragen, und wie wird meine Ehefrau reagieren, und was meine Mutter, kann sie schon hören, wie sie sagt, das kommt vom Kuchenessen morgens früh schon und weil ich so dick geworden bin. Und nicht mehr soviel Bewegung habe, auf dem Lkw, in manchen Sachen hat sie schon recht, in den letzten zwei Jahren habe ich so 40 kg zugelegt, das stimmt, jetzt wo ich darüber nachdenke, ich kam nach Hause. Und habe mit meiner Mutter und mit meiner Frau darüber gesprochen. Dass ich in ein Krankenhaus muss, heute noch, das ich Beim Augenarzt war und dann in der Apotheke und zum Hausarzt gewesen sei. Dr. med. Berger hat mich in ein Krankenhaus überwiesen. Mit dem Verdacht auf Diabetes typ 2. Also Sachen Packen und nicht lang darüber reden und los. Ich hätte mir ruhig Zeit lassen können, es war Mittag, und wann kam ich dran, so gegen 18 Uhr, und dann wundern sich die Leute das man Fett wird. Ist überall das gleiche, sinnloses warten. Das Gespräch war kurz, ich bekam ein Zimmer mit 4 alten Männer, die Station war überfüllt. Ich bekam einen ruhigen Platz unter dem Fernseher. Ruhig in diesem Fall, weil hören ja, sehen nicht. Aber egal es war schon von Anfang an lustig. Alleine die Frage nah Jung was hast du denn? Ich Zucker wahrscheinlich, und jetzt kommt der Spruch du arme Sau, das hat mein Enkel auch und dem geht es so schlecht damit, er darf nicht mehr alles Essen und muss Tabletten immer nehmen und ab und an Insulin spritzen, man du bist wirklich arm dran, ich natürlich wieder eine große Klappe, mag sein, das ich eingeschränkt leben muss, keine Ahnung, aber eins weiß ich, ich kann noch alleine Pinkeln ist doch schon etwas. Sie guckten verdutzt und meinten, du bist in Ordnung, wir hatten die ganze Woche etwas zu lachen. Dann war ein Zimmer frei und ich war eine Woche alleine, tat auch mal gut, etwas ruhe, aber ruhe kann man auch nicht sagen, alle Vier-Stunden-Blutabnahme. In der Nacht auch. Dann kam der Tag, wo die Visite kam und ich auch mal auf meinem Zimmer war. Der Arzt meinte, da haben sie aber noch mal Glück gehabt, sie kommen mit Tabletten aus, das wird wieder. Ich sagte: »Was muss ich beachten?«

Der Arzt: »Weniger Essen und Sport und abnehmen, das wäre erst mal alles, das andere besprechen sie mit ihrem Arzt, Sie können heute nach Hause.« Boa so schnell es waren doch nur zwei Wochen. Man was freu ich mich auf meine Bonnie meiner Mischlingshündin endlich wieder spazieren gehen, vielleicht nehme ich ja mit ihr ab. Es kam anders, meine Hündin war auch krank, ganz plötzlich Unterleibskrebs und ich musste sie nach zwei Wochen einschläfern lassen, wo ich wieder zu Hause war. Ich viel in einen Abgrund, man war das nicht schon genug, das ich Diabetes habe, anscheinend nicht. Habe mich gehen lassen und die Tabletten genommen und gesagt: »Arschlecken das leben kann mich mal. Nie wieder einen Hund.«

Man muss dazu sagen, es war jetzt das dritte Mal, wo ich es mitmachen musste, dass mit dem einschläfern. Es ist immer ein Graus, das mitzuerleben. Aber nach zwei Wochen entschied ich mich doch, mir noch einmal einen Welpen nach Hause zu holen. Einen Hütehund der braucht Bewegung genau wie ich. Aber woher das liebe Geld nehmen, ich war arbeitslos und das Geld knapp. Ich habe einen Kumpel angepumpt, das war auch eine Überwindung, aber er hat es so schnell wie möglich wiederbekommen, ich muss sagen, ich hatte es für ihn auch getan. Ich mit meinen 1o6 kg nach Wuppertal Cronenberg, und mir den Hund angeschaut. Es war Liebe auf dem ersten Blick. Ich stand vor der Scheibe und das kleine Wesen direkt davor. Es verfolgte mich auf tritt und schritt, ich direkt zum Verkäufer hallo sie da, ich weiß ja nicht, was die anderen hier suchen, aber hier haben sie das Geld und sie nehme ich mit. Da meinte er, da wäre noch jemand daran interessiert, aber er müsste noch über legen. Ok sagte ich: »Dann nicht.«

So schnell habe ich noch keinen gesehen, der mir einen Hund auslieferte. Er meinte: »Dann hat der andere eben Pech gehabt.« Ich dachte, kann ja nicht so schwer sein, mit dem kleinen Welpe, mit dem Bus nach Hause zu fahren. Ja das denkt man aber auch nur. Keine Changs, nur am Quengeln, musste mir ein Taxi rufen an einer Tankstelle, wie das Taxi da war und wir nach Hause fuhr, muss ich nicht erwähnen, das der Taxifahrer mehr auf den Welpen schaute als auf dem Weg, an jeder Ampel schmuste er mit der Kleinen.

So nach zwei Monaten da war sie so weit meine Hündin, die den gleichen Namen bekommen hat, wie ihre Vorgängerin, Bonny, dass sie längere und ausdauernde Spaziergänge mit machen konnte, was für mich ja auch gut war, um abzunehmen, da ich zur Zeit Tabletten nehmen musste, um meinen Zucker im Griff zu bekommen. Ich es aber nicht bedacht habe, dass es auch zu Unterzuckerung kommen könnte. Ich bemerkte es zum Glück, durch diverse Symptome. Aufkommende Aggressionen, Kribbeln der Unterlippe, Zittern. Ich beschloss, meinen Arzt aufzusuchen, ihm zu berichten, was ich für Symptome habe, kurz nach dem ich die Tabletten genommen habe. Er meinte, das würde nicht von den Medikamenten, kommen. Ich müsste nur mehr essen, der gleiche Arzt, der zuvor sagte, ich soll nur noch 1/3 von dem Essen, was ich früher zu mir genommen habe. Ich hatte so nach 3 Monaten 25 kg abgenommen, fühlte mich hervorragend, wenn nicht die ständige Unterzuckerung wäre. Erst nehme ich das Medikament und eine halbe Stunde später esse ich eine Tüte Gummibärchen, damit mein Zucker wieder erhöht wird, wie passt das zusammen. Das war dann der Grund, wo ich nach so langer Zeit, den Arzt wechselte. Ein neuer Arzt und neue Untersuchungen, er fragte mich, ob ich viel Sport treibe, ich sagte, Sport nicht ich arbeite im Garten und gehe viel spazieren, mit meinem Hund und Spiele mit ihr. Dass ich 25 kg abgenommen habe, und mein Arzt, wo ich all die Jahre vorher war, meinte; ich soll trotzdem die Medikamente weiter nehmen, obwohl ich ständig unterzuckert bin.

Mein neuer Arzt sagte dann zu mir, wissen sie, was sie haben, sie haben ihren Zucker besiegt und das er weg sei. Ich und was bedeutet das für mich, war meine Naive, frage? Sie brauchen nicht mehr so viel Diät machen, und die Medikamente können sie getrost weglassen. Aber ich sollte so alle 6 Monate vorbei kommen und Blutuntersuchungen machen. Was ich am Anfang auch beibehalten habe und auch meine Ernährung so beibehalten habe. Wohlgemerkt am Anfang, aber so naiv, wie man ist, glaubt man alles, was man hört, wenn es sich Positiv anhört. Gerade dann wenn sie Lob vom Arzt bekommen, wie man es geschafft hat, alleine den Diabetes zu besiegen. Ich war auf dem Holzweg, es war ein Irrtum, wie sich das noch herausstellte.

Harz IV

Dann kam die Zeit mit ALG 2 (Harz 4) großartig, all die Jahre gearbeitet und jetzt das. Mehr Einschränkungen, Auflagen, Drohungen.

Was ist Harz IV?

Hartz IV ist ein Sozialleistungssystem in Deutschland, das im Jahr 2005 eingeführt wurde. Es ist nach Peter Hartz, einem ehemaligen Vorstandsmitglied von Volkswagen, benannt. Der die Hartzkommission leitete, die Vorschläge zur Reform des Arbeitsmarktes und des Sozialsystems in Deutschland erarbeitete.

Hartz IV ist eine Grundsicherungsleistung. Was Menschen in Deutschland gewährt wird, die keinen ausreichenden Lebensunterhalt aus eigenen Mitteln und Einkommen bestreiten können. Die Leistung setzt sich aus einem Regelsatz und Leistungen für Unterkunft und Heizung zusammen.

Der Regelsatz wird jedes Jahr vom Bundesministerium für Arbeit und Soziales festgelegt und beträgt derzeit (Stand März 2023) 446 Euro pro Monat für Alleinstehende. Für Paare gelten höhere Sätze. Die Leistungen für Unterkunft und Heizung werden in angemessener Höhe übernommen, wobei die tatsächlichen Kosten berücksichtigt werden.

Um Hartz IV zu erhalten, müssen die Antragsteller bestimmte Voraussetzungen erfüllen. Wie zum Beispiel kein ausreichendes Einkommen, keine ausreichenden Ersparnisse oder Vermögenswerte und keine Möglichkeit, ihren Lebensunterhalt auf andere Weise zu bestreiten. Hartz-IV-Empfänger müssen sich auch aktiv um Arbeit bemühen und Angebote der Arbeitsvermittlung annehmen.

Das Hartz-IV-System ist in Deutschland umstritten, da es als stigmatisierend und demütigend empfunden werden kann. Einige Kritiker argumentieren auch, dass die Leistungen nicht ausreichen, um einen angemessenen Lebensstandard zu gewährleisten, insbesondere in teuren Großstädten. Andere argumentieren, dass das System notwendig ist, um Menschen in Not zu unterstützen und sie wieder in den Arbeitsmarkt zu integrieren.

Das Ende von Hartz IV?

Das Bürgergeld ist ein Konzept für ein neues Sozialsystem, das in Deutschland von einigen politischen Parteien und Experten vorgeschlagen wird. Im Gegensatz zu Hartz IV soll das Bürgergeld eine bedingungslose Leistung sein, die jedem Bürger oder jeder Bürgerin unabhängig von ihrem Einkommen oder ihrem Beschäftigungsstatus gewährt wird.

Der Hauptunterschied zwischen Hartz IV und dem Bürgergeld besteht darin, dass Hartz IV eine bedarfsabhängige Leistung ist, die nur an Personen gezahlt wird, die nachweislich bedürftig sind und keine ausreichenden Einkommens- oder Vermögensressourcen haben, um ihren Lebensunterhalt selbst zu bestreiten. Das Bürgergeld hingegen soll bedingungslos an alle Bürgerinnen und Bürger gezahlt werden, unabhängig von ihrem Einkommen oder ihrem Beschäftigungsstatus.

Ein weiterer Unterschied besteht in der Höhe der Leistungen. Der Regelsatz von Hartz IV wird jedes Jahr vom Bundesministerium für Arbeit und Soziales festgelegt und ist auf das Existenzminimum begrenzt. Das Bürgergeld hingegen soll in der Regel höher sein und ein angemessenes Leben ermöglichen.

Weiter zu meiner Geschichte

Dann kam die Zeit mit ALG 2 (Harz 4) großartig, all die Jahre gearbeitet und jetzt das. Mehr Einschränkungen, Auflagen, Drohungen.

Man wird in einen Topf geworfen, mit all denen die noch nie etwas geleistet haben. Unter dem Begriff soziale Gerechtigkeit.

Und es kam eine neue Schikane, Wiedereingliederung unter dem Begriff 1,50 Euro-Job.

Ja aber was soll man machen. 180 Euro mehr haben, ist ja auch nicht verkehrt. Weil es neu war und ich eh nichts Besseres zu tun hatte, habe ich mich als einer der Ersten freiwillig gemeldet. Es wurde betreut von einem Bildungsunternehmen für Erwachsenen Bildung in Remscheid, die auch psychologisch geschult sind. Ich habe mich eingeschrieben, für ein Altenheim- als Hausmeister, aber die wollten mich lieber als Betreuer haben. Musste mich vorstellen, was ich vorher so gemacht habe und ob ich mich mit Menschen auskenne. Ich habe es zwar immer noch nicht verstanden, was die damit sagen wollten. Aber sie waren begeistert. Ich auch anfangs, ich dachte, Mensch ärgere dich nicht spielen, das schaffst du. Aber das war ja nicht alles, ich sollte Essen zureichen, es waren viele Demenzkranke darunter, die auch das Trinken vergessen, den ganzen Tag, und ich musste alles Dokumentieren. Dann brauchte die Küche mal Hilfe, und der Hausmeister auch, und ich dachte oh je, wieder Mädchen für alles. Habe den Dienst quittiert nach so 4 Wochen, und die wollten mir Steine im Weg legen. Da habe ich mit der Presse und Fernsehen gedroht, und siehe da, sie wurden freundlicher und meinten, ob ich Interesse habe, im Kindergarten zu Arbeiten in der Küche. Das war schon etwas anderes für 90 Personen Frühstück und Mittag essen zuzubereiten, mit einem Kollegen. Das erste halbe Jahr war insoweit schon gut so, wie ich damals der Leiterin von meinem Hobby, mit Holz zu basteln und Schnitzen berichtete, kam sie auf die Idee, ob ich nicht verlängern wollte, mit dem Angebot nach freier Zeiteinteilung. Mit und für die Kinder, für Weihnachten zusammenbasteln, für den Basar. Ich kam in den Genuss auch Schränke zu reparieren. Bilderrahmen hergestellt alles Unikate, es war eine schöne Zeit und dann war die Zeit, abschied zu nehmen. Dann kam die Zeit, wo ich meinen Lkw Führerschein verlängern musste, das kostete so 250 Euro, die ich nicht mal eben aus dem Ärmel schütteln konnte. Also ging ich zur Arge, da nannte man es noch so. Ich mit meiner Fallmanagerin gesprochen, ob ich ein Darlehn bekommen könnte, um meinen Führerschein zu verlängern. Nein das geht nicht, nur wenn ich ein Arbeitsangebot bekommen hätte mit Vertrag, dann ginge das, aber so nicht. Aber ich habe da was für sie, wie wäre es in Gevelsberg, ist eine Fahrschule, die bieten den Omnibusführerschein an. Ich habe gefragt, was der so kostet? Ja so um die 5000 Euro, das könnte ich machen, wenn ich wollte. Ich dachte, toll 250 Euro geht nicht, aber 5000 das ist ok. Was sollte ich machen, habe zugesagt und habe einen Termin gemacht und ob ihr es glaubt oder nicht, wieder so ein Arsch, von Fahrlehrer, von der Bundeswehr, der immer noch denkt, er wäre bei dem Militär. Aber so etwas von Arroganz habe ich noch nie erlebt, das wird lustig. Eine Sache war gut, Fahren musste ich ja nicht lernen, das konnte ich besser, wie der Fahrlehrer, vor allem das Rangieren. An dieser Stelle will ich niemanden mehr langweilen, denn das Thema hatten wir schon, die Theorie mit der Bremsanlage weil wir mussten die Theorie mit den Anwärter der Kl. C-CE teilnehmen also Lkw und wieder das Thema, warum gibt es einen roten und blauen Schlauch.

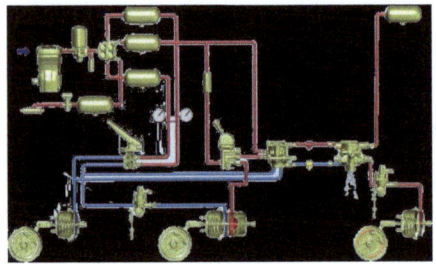

2007 ein sehr trauriges Jahr

2007 ein sehr trauriges Jahr, für meine Frau und mir.

Ich habe wieder mal keinen Job, bin eine Zeit lang Bus gefahren, was überhaupt nicht mein Ding war. Stadtwerke und Reisebus, danach Zeitarbeit und dann wieder nichts. Eines Tages es war montags früh morgens, wo mich meine Mutter sprechen wollte, sie sagte, sie hätte Unterleibblutungen und es wäre ungewöhnlich, denn aus den Wechseljahren sagte sie, wäre sie raus. Ich sagte, komm, wir fahren zur Ärztin, die sagte, ich sollte meine Mutter so schnell wie möglich ins Krankenhaus bringen. Für weitere Untersuchungen, was dann kam, war so schmerzvoll, die Erfahrung ich habe sie montags, in das Krankenhaus gebracht und kommenden Sonntag auf Montag in der Nacht, (Montag 2:50 ist sie gestorben. Was war geschehen, sie bekam Kontrastmittel Untersuchungen und es wurde, Unterleibskrebs festgestellt, im Endstadium. Freitag Abend bekam ich die Nachricht, dass man nichts mehr tun kann, ich betete, das es schnell vorbeigeht. Seit dem Zeitpunkt bin ich vorsichtig mit Gebeten, es mag Zufall sein oder auch nicht, ich bin nicht so sehr streng gläubig, aber das war eine Erfahrung, die ich nicht so schnell vergessen kann, aber ein Unglück kommt selten allein. Ich musste am gleichen Montag meine Hündin abgeben, das hat mir den Rest gegeben. Ich war fertig, am Boden zerstört, habe das Liebste verloren, mit einem Schlag. Ich habe mir geschworen, nie wieder einen

Hund, warum musste ich mich trennen, ich hatte Arbeit in Aussicht und meine Frau kam mit meiner Hündin nicht klar. Die einzige Person, außer mir war meine Mutter, die mit ihr klargekommen wäre. Aber sie war ja nicht mehr da. Ich war froh, dass sie nicht lange im Tierheim war. Nach 14 Tagen bekam Bonnie, ein neues zu Hause. Dann eine Woche später war die Beerdigung, wo ich auch zum ersten Mal, in meinem Leben, die Bekanntschaft mit Nervenberuhigungsmittel machte, habe sie aber nur zweimal genommen. Ich fühlte gar nichts mehr, nicht bei der Beerdigung noch sonst. Man kann sich ja vorstellen, wie einem es ergeht, mit der Trauer. Aber zum Glück gibt es auch Menschen, die für einen da sind. Meine Nachbarin, die mich schon mein ganzes Leben kennt, mit den Kindern bin ich heute noch befreundet. Ich war oft bei ihr und wir hatten tiefsinnige Gespräche damals noch. Sie war auch die erste Person, wo ich, über meine Erfahrung, mit meinem Vater gesprochen habe. Nach so langer Zeit, wo er mich missbrauchen wollte, mit 9 Jahren. Es ist nachzulesen in meinem ersten Buch, was unter dem Titel (Crossdresser ein leben im verborgenen, nein es geht auch anders) nachzulesen ist. Es ging mir von Zeit zurzeit besser, bald war es nur eine Erinnerung von vielen. Das Leben geht weiter und dann bekamen wir eine Nachricht, das die Häuser abgerissen werden in zwei Jahren und wir uns eine neue Wohnung suchen sollten. Es zogen so langsam immer mehr Anwohner um. Bis zu guter letzt noch so vier Parteien bis zum Schluss wohnen geblieben sind.

2010 sind wir dann auch umgezogen, aber bevor es so weit war, habe ich auch wieder eine Erfahrung gemacht, mit meinem Diabetes.

2009 Mein Nahtoderlebnis

Eine Nahtoderfahrung ist ein Zustand, in dem eine Person, die in der Nähe des Todes oder in lebensbedrohlichen Situationen war, eine Reihe außergewöhnlicher Erfahrungen gemacht hat. Diese Erfahrungen können eine Veränderung der Bewusstseinszustände, eine Wahrnehmung von Licht, Erlebnisse von außerkörperliche Erfahrungen, das Empfinden von Frieden und Glück, sowie das Wiedersehen von verstorbenen Angehörigen oder Freunden beinhalten. Es gibt unterschiedliche Theorien darüber, wie Nahtoderfahrungen wissenschaftlich erklärt werden können und es besteht weiterhin ein kontroverser Diskurs darüber.

Die Geschichte der Nahtoderfahrungen: Menschen haben seit Jahrhunderten Nahtoderfahrungen beschrieben, aber es war erst in den letzten Jahrzehnten, dass Wissenschaftler angefangen haben, diese Erfahrungen zu studieren.

Die verschiedenen Arten von Nahtoderfahrungen: Es gibt viele Arten von Nahtoderfahrungen, aber es gibt auch Gemeinsamkeiten. Zum Beispiel berichten viele Menschen davon, dass sie aus ihrem Körper herausgetreten sind oder dass sie eine Begegnung mit einem hellen Licht hatten.

Die wissenschaftlichen Erklärungen für Nahtoderfahrungen: Einige Wissenschaftler glauben, dass Nahtoderfahrungen durch Sauerstoffmangel im Gehirn oder durch chemische Veränderungen im Gehirn verursacht werden. Andere glauben, dass Nahtoderfahrungen tatsächlich beweisen, dass das Bewusstsein unabhängig vom Gehirn existiert.

Die Auswirkungen von Nahtoderfahrungen: Viele Menschen berichten von einer Transformation ihres Lebens nach einer Nahtoderfahrung. Zum Beispiel können sie ein neues Verständnis für das Leben und den Tod entwickeln oder ein verstärktes Gefühl von Spiritualität und Verbundenheit mit anderen Menschen erfahren.

Nahtoderfahrungen und Religion: Nahtoderfahrungen sind oft mit spirituellen oder religiösen Überzeugungen verbunden. Einige Menschen glauben, dass Nahtoderfahrungen beweisen, dass es ein Leben nach dem Tod gibt, während andere diese Erfahrungen als Bestätigung ihrer religiösen Überzeugungen betrachten.

Die Kontroverse um Nahtoderfahrungen: Es gibt einige Wissenschaftler und Skeptiker, die glauben, dass Nahtoderfahrungen auf natürliche Phänomene zurückzuführen sind und dass es keine Beweise dafür gibt, dass das Bewusstsein nach dem Tod weiter existiert.

Die Bedeutung von Nahtoderfahrungen: Nahtoderfahrungen können uns viel darüber lehren, wie wir mit dem Tod und dem Leben umgehen. Sie können uns auch helfen, unsere eigenen spirituellen Überzeugungen und unser Verständnis der Natur der Realität zu erweitern.

Nahtoderfahrungen (NTEs) sind Erfahrungen, die Menschen machen, wenn sie kurzzeitig dem Tod nahe waren oder sogar klinisch tot waren und dann wiederbelebt wurden. Solche Erfahrungen können sehr unterschiedlich sein und reichen von Gefühlen der Schwerelosigkeit und des Friedens bis hin zu Begegnungen mit verstorbenen Angehörigen oder spirituellen Wesen. In diesem Aufsatz werden wir uns mit einigen der wichtigsten Aspekte von Nahtoderfahrungen befassen. Eine der bemerkenswertesten Eigenschaften von Nahtoderfahrungen ist, dass sie oft sehr ähnlich sind, unabhängig von Kultur oder Glaubensrichtung. Menschen auf der ganzen Welt berichten von ähnlichen Erfahrungen, wie zum Beispiel dem Gefühl, den Körper zu verlassen oder in einen Tunnel zu schweben, auf ein helles Licht zuzugehen oder Begegnungen mit verstorbenen Angehörigen oder spirituellen Wesen zu haben. Dies hat viele Forscher dazu veranlasst, zu spekulieren, dass Nahtoderfahrungen eine gemeinsame menschliche Erfahrung sind, die nicht nur durch den physischen Tod verursacht wird, sondern auch durch die Tiefen unseres Bewusstseins und unserer Psyche. Eine weitere bemerkenswerte Eigenschaft von Nahtoderfahrungen ist, dass sie oft sehr intensiv und emotional sind. Menschen berichten oft von einem Gefühl der Einheit mit allem und von einem tiefen Gefühl des

Friedens und der Liebe. Einige berichten auch von Begegnungen mit einem höheren Wesen oder einer höheren Intelligenz, die ihnen wichtige Botschaften vermittelt haben. Diese Erfahrungen können das Leben der Menschen nachhaltig verändern und dazu führen, dass sie ihr Leben anders betrachten und schätzen. Es gibt jedoch auch kritische Stimmen, die die Glaubwürdigkeit von Nahtoderfahrungen, Infragestellen. Einige argumentieren, dass diese Erfahrungen einfach auf eine Fehlfunktion des Gehirns zurückzuführen sind, die durch Sauerstoffmangel oder andere Faktoren ausgelöst wird. Andere argumentieren, dass sie einfach eine Manifestation kultureller Erwartungen sind, die von Filmen, Büchern und anderen Medien geprägt wurden. Trotz dieser Kritik haben viele Wissenschaftler begonnen, Nahtoderfahrungen zu untersuchen, und versuchen, sie wissenschaftlich zu erklären. Einige Forscher haben zum Beispiel die Hypothese aufgestellt, dass Nahtoderfahrungen durch eine Überstimulation des Gehirns durch Neurotransmitter wie Serotonin oder Endorphine verursacht werden können. Andere haben vorgeschlagen, dass Nahtoderfahrungen aufgrund einer temporären Fehlfunktion des Gehirns auftreten können, die durch Sauerstoffmangel oder andere Faktoren verursacht wird.

Trotz der vielen offenen Fragen und der kontroversen Debatte über die Ursachen von Nahtoderfahrungen sind sie zweifellos ein faszinierendes und wichtiges Phänomen, das uns viel über die menschliche Natur und die Natur des Todes lehren kann. Indem wir uns bemühen, sie besser zu verstehen, können wir möglicherweise auch lernen, wie das menschliche Gehirn und Bewusstsein funktionieren. Eine der interessanten Fragen, die sich aus Nahtoderfahrungen ergeben, ist, ob unser Bewusstsein nach dem Tod weiter existiert oder ob es sich einfach auflöst.

Einige Nahtoderfahrungen haben Menschen berichtet, dass sie während ihrer Erfahrung ein Gefühl der Kontinuität ihres Bewusstseins erlebt haben und dass sie das Gefühl hatten, dass ihr Bewusstsein auch nach dem Tod weiter existieren würde. Diese Berichte haben einige Forscher dazu veranlasst, zu spekulieren, dass unser Bewusstsein nicht nur auf unser Gehirn beschränkt ist, sondern dass es eine Art "Geist" gibt, der unabhängig von unserem physischen Körper existiert.

Andere Forscher argumentieren jedoch, dass diese Erfahrungen einfach auf einer Fehlfunktion des Gehirns beruhen und dass unser Bewusstsein eng mit unserem Gehirn verbunden ist. Es gibt auch einige Forscher, die der Ansicht sind, dass Nahtoderfahrungen tatsächlich eine Art von Schutzmechanismus des Gehirns sind, der ausgelöst wird, wenn das Gehirn aufgrund von Sauerstoffmangel oder anderen Faktoren in Gefahr gerät.

Wie auch immer die Ursachen von Nahtoderfahrungen letztendlich erklärt werden, bleibt die Tatsache bestehen, dass sie für viele Menschen eine tiefgreifende und transformative Erfahrung sind. Viele Menschen berichten von einer Veränderung ihrer Perspektive auf das Leben und den Tod und von einem stärkeren Sinn für Spiritualität und Verbundenheit mit anderen Menschen.

Insgesamt ist die Erforschung von Nahtoderfahrungen ein faszinierendes und wichtiges Thema, das uns viel über die menschliche Natur und unsere Beziehung zum Tod lehren kann. Indem wir uns bemühen, diese Erfahrungen besser zu verstehen, können wir möglicherweise auch bessere Wege finden, um mit Tod und Trauer umzugehen und unsere eigene Spiritualität und Bewusstsein zu entwickeln.

Um mehr über Nahtoderfahrungen zu erfahren, können wir uns einige der gemeinsamen Elemente dieser Erfahrungen ansehen, die von vielen Menschen berichtet werden. Eine häufige Erfahrung ist das Gefühl, aus dem Körper zu schweben oder sich von ihm zu lösen und von oben auf den Körper hinabzusehen. Viele Menschen berichten auch von einem Gefühl des Friedens, der Liebe und der Schönheit, das sie während der Erfahrung empfinden.

Ein weiteres häufiges Element von Nahtoderfahrungen sind Begegnungen mit verstorbenen oder spirituellen Wesen. Viele Menschen berichten von Begegnungen mit Familienmitgliedern, Freunden oder anderen geliebten Menschen, die bereits verstorben sind. Andere berichten von Begegnungen mit spirituellen Wesen oder Wesenheiten, die ihnen als Lichtwesen, Engel oder Götter erscheinen.

Ein weiteres interessantes Element von Nahtoderfahrungen sind die Veränderungen, die sie in den Menschen hervorrufen können. Viele Menschen berichten von einem veränderten Sinn für Spiritualität und von einem Gefühl der Verbundenheit mit anderen Menschen und der Natur. Einige Menschen berichten auch von einer Veränderung ihrer Persönlichkeit und ihres Verhaltens, wie zum Beispiel einer erhöhten Empathie oder einer Abkehr von materialistischen Werten.

Trotz der vielen Berichte über Nahtoderfahrungen gibt es auch einige skeptische Stimmen in der wissenschaftlichen Gemeinschaft. Einige Forscher argumentieren, dass diese Erfahrungen einfach auf einer Fehlfunktion des Gehirns beruhen und dass es keine tatsächliche Verbindung zwischen Nahtoderfahrungen und einer möglichen Existenz des Bewusstseins nach dem Tod gibt.

Andere Forscher argumentieren jedoch, dass diese Erfahrungen tatsächlich auf eine Art von Verbindung zwischen dem Bewusstsein und einer höheren Dimension oder einer spirituellen Realität hinweisen könnten. Diese Forscher argumentieren, dass Nahtoderfahrungen eine Möglichkeit sind, unser Verständnis der Natur der Realität zu erweitern und uns zu helfen, unsere eigene Spiritualität und unser eigenes Bewusstsein zu entwickeln.

Insgesamt sind Nahtoderfahrungen ein faszinierendes und wichtiges Thema, das uns viel über die menschliche Natur und unsere Beziehung zum Tod und zur Spiritualität lehren kann. Indem wir uns bemühen, diese Erfahrungen besser zu verstehen, können wir möglicherweise auch bessere Wege finden, um mit Tod und Trauer umzugehen und unsere eigene Spiritualität und Bewusstsein zu entwickeln.

Die Wissenschaft geht davon aus, dass es sich schlicht um ein Programm im Gehirn handelt, das Endorphine anmischt und freigesetzt; sprich ebendas in aller Munde körpereigene Glückshormon, welches ebenfalls einem die Nahtoderfahrung vors Auge hält. Ich denke das nicht! Warum? Aber dieses Thema wird noch bald erwähnt. Nun laufen ja seit geraumer Zeit etliche wissenschaftliche Experimente in dieser Richtung. Man hat hierauf Bezug nehmend verschieden beschriftete Tafeln aufgestellt. Mit dem Anliegen, falls sich der besagte Astralkörper vom Körper lösen sollte, dazu noch in höhere Sphären emporsteigt, ob jener Mensch, nun wieder sein Bewusstsein erlangt und anschließend mitteilen könnte, was auf diesen Tafeln geschrieben steht. Leider brachten diese Versuche keine tauglichen Resultate. Aus meiner Sicht verständlich. Wenn ich dem Tod nahekäme, sei es natürlicherweise oder menschengemacht, habe ich ganz andere Sorgen als buchstäblich die Möbel nach jedem Staubkörnchen oder nach Täfelchen mit belanglosen Infos abzusuchen. Es reicht dann schon auf irgendeiner Bare in einer Notfallambulanz, sich selber wiederzufinden, während man langsam in unvorstellbar anderen Dimensionen, so dahinschwindet. Man hat doch Angst,

ja sogar echt panische Beklemmung, was auf einem zu-
kommt, Tunnelerlebnisse usw. Doch für solcherart Wissenschaft auf diesem mysteriösen Gebiet fehlt mir jedwedes
Verständnis.

Ich darf mit Fug und Recht allemal dazu etwas sagen, da
mir beileibe so eine Situation unumgänglich widerfuhr. Es
geschah im September 2009. Zunächst muss es erst einmal
erklärt werden, wie es dazu kam:

Ein schleichender Prozess.

Ich weiß nicht wie konnte es so weit wieder kommen, ich habe es nicht bemerkt, oder wollte ich es nicht, war nehmen. Ich habe mich verkrochen, zu Hause. Bin selten nach draußen, noch Bewegung, war ein Fremdwort für mich. Essen wieder zu viel und zu Fett und zu Süß. Ich dachte, der Diabetes ist ja weg, und kommt nicht wieder. Ist doch eh alles egal, so Gedanken hatte ich. Keine Nachbarn mehr, Langeweile ohne Ende. Kein Interesse, mich zu bewerben, bringt eh nichts. Meine Gedanken, mein Arzt meinte, ob ich mich nicht mal, in professionelle Hände begeben wollte. Ich, nein was soll ich da. Ich sagte, brauche keinen Seelenklempner. Ich war eigentlich mit dem Thema Diabetes immer auf dem neusten Stand, so dachte ich es mir, aber da habe ich mich sehr getäuscht und man sollte nicht alles hinnehmen, was einem die Ärzte so bescheinigen. Es war in einer Nacht, im Jahre 2009. Als ich eine Nahtoderfahrung hatte, in Form eines Erlebnisses, oder soll ich lieber Traum sagen. Es war so Real alles. Nur kann ich mich nicht mehr so genau erinnern, was oder worüber ich, mit meiner Mutter gesprochen habe. Man muss dazusagen, sie war jetzt seit zwei Jahren Tod. Ich kann mich nur an eines erinnern, wie ich ihr die Frage stellte, wie kann es sein, das ich mich mit dir unterhalte, du bist doch Tod. Mutter sagte, das kann ich dir auch nicht sagen mein Sohn. Und dann wachte ich auf, mit einem klopfen im rechten Arm, und Krämpfe mit schmerzen, die ich bis da noch nicht kannte. Meine Frau war am Schlafen, und bis ich die wach bekomme, habe ich gedacht, bin ich eh verreckt. Ich zum Handy gegriffen, die Rettungsleitstelle angerufen, der Mitarbeiter dort meinte, was für Symptome ich habe. Habe es ihm mitgeteilt und er meinte, dass es nichts mit dem Herzen zu tun habe. Ich sollte in der Leitung bleiben, wegen Notarzt aber das könnte dauern. Dann kam wieder ein Krampf und ich dachte die Abstände, werden immer kürzer. Ich sagte dem Mann, ich rufe mir ein Taxi und fahr in die Klinik, was auch gut war, wie es sich nachher herausstellte.

Eine Anmerkung an dieser Stelle, ich wäre so gerne an dem Ort geblieben, wo ich im Traum war. Wahrscheinlich war meine Zeit noch nicht gekommen, aber wenn ich nicht so schnell reagiert hätte, würde ich jetzt nicht meine Geschichte schreiben.

Ich kam in der not Aufnahme an und musste warten und immer wieder die Krämpfe und wurde vertröstet, die Ärzte währen alle im Einsatz. Es sind einige Notfälle eingeliefert worden. Ich dachte, toll ich bin kein Notfall? Nein ich komme zum Spaß hierhin, weil ich Langweile habe, nach so 30 Minuten, kam ein Internist und stellte so blöde fragen, ob ich Schmerzen habe? Ich habe ihm erklärt, was ich habe, aber immer wenn Ärzte dabei sind, kommen keine Krämpfe. Der Arzt meinte, mein Blutdruck währe in Ordnung. Da müsste der Neurologe mal sehen. Abermals warten und siehe da wieder ein Krampf. Jetzt kam ein Neurologe, und eine Ärztin und sie meinten, sie könnten nichts finden. Ich hätte mich wahrscheinlich nur falsch gedreht und mir das Blut abgeschnürt. Ich wurde sauer und sagte: »Gut, ich fahr nach Hause, dann verreck ich eben, ist eh besser.« Ich zog mich wieder an und ging auf dem Flur, wo mir ein Arzt entgegenkam. In diesem Augenblick bekam ich einen weiteren Krampf und fiel um. Er sofort: »Was ist los mit ihnen?« Ich sagte: »Ich halte es nicht mehr aus, dieses Hämmern und den Schmerz.« Er schaute mich an und fragte: »Sind sie Diabetiker?«

Ich: »Ja, das war ich mal, mein Arzt hat mir gesagt, dass der Diabetes verschwunden sei.«

Er sagte: »Wie sie waren es einmal, einmal Diabetiker immer Diabetes.«

Der Arzt hat eine Krankenschwester gerufen, weil er Blut abnehmen wollte. Aber zu dem Zeitpunkt haben sie keinen Tropfen bekommen, »man sie sind ja total dehydriert, es ist ein Wunder das sie noch Leben. Eigentlich müssten sie schon Tod sein.« Sagte der Arzt.

Ich kam direkt auf die Intensivstation und an einem Tropf, und wieder der Spruch wie ein Pfleger sagte: »Das ist schon eine arme Sau, der macht es nicht mehr lange.« Das habe ich gehört du Arsch. Ich dachte noch, und dann erinnerte ich mich an dem Spruch, wo der alte Mann damals das sagte, und bin eingeschlafen. Nach einiger Zeit wurde ich wieder wach und sah in das Gesicht von den jungen Arzt. Er sagte: »Da, sind sie ja wieder, das war aber knapp, eine halbe Std. Später wäre ich Tod gewesen, wir mussten, das Blut diluieren, um eine Zuckerbestimmung vorzunehmen, es war ein Wert von 1200, HbA1c wert 14-15 also das 10-Fache mehr als normal.« Ja ist schon hefig das zu hören und nun: »Was kommt auf mich jetzt zu?«

Der Arzt sagte: »Wir behalten sie jetzt erst einmal hier und schließen sie an Insulin an, der wert ist noch sehr hoch, wir bekommen ihn nicht runter, das dauert auch noch ein Weilchen.« Toll man wäre ich doch Tod, dann hätte ich es hinter mir und müsste nicht in die Flasche pinkeln. Kein Fernseher, nur das Piepsen von den Geräten und das Jammern der anderen. Vor allem mein Nachbar, das war auch einer. Das war auch ein schlimmer medizinischer Fall. Keine Ahnung was der hat, er sprach kein Deutsch, aber er war am Schimpfen auf oder wen, auch immer. Ich schlummerte ein, wurde wieder wach, meine Frau und ihre Schwester waren eingetroffen, keine Frage, wie es mir geht. Nein direkt den Vorwurf wie das denn passieren konnte. Meine Schwägerin sagte vorwurfsvoll: »Du weißt schon, dass du eine hohe Verantwortung hast, meiner Schwester gegenüber, wie soll die ohne dich klarkommen!« Mein Wunsch, jetzt Tod zu sein, bestätige sich mal wieder, denkt irgendjemand mal daran warum ich hier liege. Ich sagte: »Jaja, ich weiß war meine Antwort darauf.« Meine Schwägerin sagte: »Die Gaby kann bei uns bleiben, solange bis du wieder Raus kommst, aber sie könnten nicht jeden Tag vorbeikommen, so jeden dritten Tag, ob das reicht?«

Ich sagte nur: »Macht euch keine Umstände, es ist sowieso noch nicht klar, ob ich überlebe, aber danke das ihr da wart ciao.« Meine Frau war sowieso geistesabwesend, ok sie ist damit überfordert, deshalb habe ich ja meine Rettung selbst in die Hand genommen. Meine sogenannte Familie verabschiedete sich von mir, und gingen von dannen. Ein Seufzer der Erleichterung, endlich Ruhe, und Schlafen und muss das immer sein, das wieder aufwachen, es wäre doch viel einfacher für alle, wenn es diese Nacht zu Ende gewesen wäre. Ich an diesen schönen Ort hingehen könnte, darauf bin ich eingeschlafen. Ich wurde auf einmal wieder wach, und wie aus heiterem Himmel ging ich instinktiv in Deckung. Mein Bettnachbar hatte einen Wutanfall und schleuderte seinen Tropf, durch die Gegend. Ich den Knopf gesucht, nach der Bimmel und läutete auf Dauerlautstärke. Dann kamen drei Schwestern und ein Pfleger hinein, Sie dachten wohl, ich wäre am abnippeln. Nein ich rang mit meinem Bettnachbarn, der wollte meinen Insulin-Apparat, wohl auch, durch die Gegend werfen.

Ich dachte, ich wäre arm dran, aber er, wenn ich nicht gewesen wäre, dann hätte er es hinter sich gehabt. Ich fragte mich allerdings, habe ich ihm einen Gefallen, damit getan, ihm das Leben zu Retten. Dann kam eine Ärztin und gab ihm etwas zur Beruhigung, muss ich erwähnen, dass ich ihn, mit vier Leuten festhalten musste, so eine kraft besaß der Kerl in seinem Anfall. Er hatte so einen hohen Blutdruck, dass die Bauchschlagader, jeden Moment hätte platzen können, sagte die Ärztin laut. Genug für die erste Nacht hier. Ich will doch nur Schlafen in Ruhe. Ich legte mich wieder hin und bin gerade eingeschlafen, als ein Pfleger rein kam und sagte: »Herr Zecca darf ich ein wenig Blut haben von ihnen, muss Zucker messen.« Ich was für ein Irrenhaus, geht ganz schnell und weg war er. Ich die Augen zu und da kam die Ärztin und sagte: »Sie kommen in eine andere Abteilung, wir können es nicht verantworten, das mit ihrem Bettnachbarn, der ist ein Kolleriger.« Ich dachte, kann ihn verstehen, ist ja auch eine Irrenanstalt, mir kam die Nacht so lange vor, was ich nicht bemerkte, das der Schlauch, von meiner Pumpe, für Insulin, sich eingeknickt hatte und ich kein Insulin bekam. Und schlief tief und fest ein, ich weiß nicht wie lange ich geschlafen hatte, wurde wach und ein Pfleger war bei mir, ah da haben wir sie ja wieder, ich wieso war ich weg? Ja beinahe. Aha und warum? Sie bekamen kein Insulin mehr, der Schlauch war geknickt, ich dachte nicht nur der Schlauch, ich auch man, wie viel Leben habe ich eigentlich. An dieser Stelle denkt man immer, man wäre Arm daran. Es geht immer noch Schlimmer, ok ich habe ja schon ein Gewicht von über 140 kg, normal wären 83 kg, da bekam ich einen neuen Mitstreiter auf der Intensivstation. Er hatte wohl etwas mit dem Magen, man der sah, aus als wenn er so 300 kg hatte, ist schon seltsam, dass ich mich daran noch erinnern kann. Wahrscheinlich weil er sich vorgestellt hat, mit einem Vogelnamen und auf dem Falkenberg, seinen Wohnsitz hatte. Seine Frau eine zierliche Thai war, schon eine hübsche Erscheinung. Dann kamen die Ärzte, um ihm den Blutdruck zu messen. Man das war ein Problem für sich. Sie nahmen schon die größte Manschette und bekamen sie nicht über dem Arm. Man versuchte Blut abzunehmen, und fanden keine Vene. Nach so vielen versuchen, hatte die Ärztin Erfolg. Sie meinte ein Schuss ins Blaue, dann war erst einmal Ruhe. Ich stellte mich auch kurz vor. Fragte ihn, was ihm so fehlte. Er erzählte, dass er so irre Magenschmerzen hat. Wohl was Falsches gegessen. Ich habe mal nachgefragt, ob nicht zu viel Wein schuld sein kann, er nein er trinkt höchstens zwei Gläser Wein. Er fragte mich, ob ich wüsste, wie es sich anfühlt, so eine Magenspiegelung. Oha ja angenehm ist anders, aber sollte ich es ihm so sagen, nee besser nicht. Ich sagte eigentlich, ist es ganz harmlos, du kannst dir eine Beruhigungsspritze geben lassen und gut ist. Ich habe in einem Jahr drei hinter mir, das klappt schon. Er sichtlich beruhigt, aber er hat sich zu früh gefreut. Warum? Tja, da kommt jetzt ein Pfleger, kam zu mir und gab mir mein Mittagessen. Zog den Vorhang zu und meinte, ihr Nachbar bekommt jetzt seine Untersuchung, und ich sollte mir die Ohren zuhalten, wenn es geht. Weil ihr Bettnachbar sich wahrscheinlich übergeben wird. Toll ich Mittagessen, sage ja Irrenhaus, aber was Solls schnell essen und gut.

Dann kamen die Apparate und das Ärzteteam, und es begann. Von wegen Beruhigungsspritze, das konnte man ihm nicht geben, weil man mit der Spritze, keine Vene findet, der arme Kerl, ist das gut, dass ich ihm nicht die Wahrheit vorher sagte. Er wäre geflohen! Nach so 15 Minuten hatte er es geschafft, aber es hörte sich wie Folter an. Ich hatte Mühe, mein Essen im Magen zu halten, weil ich auch von den Geräuschen eine Magendrehung bekam.

Dann war es erst einmal ruhig, nach einem Weilchen, sprach er auch wieder, fragte mich, was ich so habe und was ich sonst so mache. Dann kam seine Ehefrau und wir unterhielten uns in Deutsch und Englisch, weil seine Frau kein Deutsch verstand. Dann kam der Arzt und sagte zu ihm wohl, dass man herausgefunden hatte, dass er wohl ein Alkohol Problem habe.

Und mir sagte man, dass ich auf eine andere Station komme, weil meine Zuckerwerte wohl besser geworden sind.

Ich jetzt Insulin, in Form von Spritzen bekomme und wahrscheinlich, in eine andere Klinik, noch müsste, wo ich das Spritzen lernen müsste. Was ich aber dankend ablehnte, weil ich noch kein Einsehen hatte, das ich Insulin abhängig sei. Als ich das Krankenhaus verlassen konnte. Und zu Hause angekommen bin, war kein Empfangskomitee anwesend. Ganz im Gegenteil, Post von der Arge, ich sollte erklären, warum ich nicht erreichbar bin. Da haben meine Frau und ihre Schwester, einmal mehr wieder ganze Arbeit geleistet. Anstatt auf mich zu hören, ist denen alles Scheiß egal. Ich konnte erst einmal, den Karren aus dem Dreck bekommen. Was sich als gar nicht so einfach herausstellte. Es wurde mit Kürzung gedroht. Zum Glück meinerseits, dass ich zu Hause bin. Ich sowieso noch krankgeschrieben bin, so konnte ich, die Sache aus der Welt schaffen. Puh das war knapp.

Diabetes teil 2

Ein neues Zimmer, neue Leidensgenossen und die Hoffnung, auf gesunden Schlaf.

Ja die erste Nacht habe ich durchgeschlafen, wie ein Stein, kein Wunder, es waren ja auch drei Tage her, wo ich das letzte Mal, geschlafen habe. Ob ich heute einmal, mit einem Arzt sprechen kann? Wie lange ich noch hier verweilen muss. Ich sah mich mal ein wenig um, es waren noch zwei andere Patienten im Zimmer. Ein Fall von Arterienverstopfung und einer der wohl, mit dem Magen zu tun hat. Angeblich wegen falscher Medikamente. Nein es waren nicht die Medikamente, es war das Medikament Alkohol. Was soll es, ich bin der Letzte, der sich ein Urteil bilden sollte. Ich mit meiner Fresslust war auch nicht besser. Das wird sich ändern, jetzt muss ich nur aus der Irrenanstalt raus so mein Gedanke. Ich erinnerte mich daran, wie hast du es damals geschafft. Beim ersten Mal mit Diabetes zu tun bekam. Damals ein Assistenzarzt immer versuchte, mir Blut abzunehmen, wo ich dermaßen Hemmatome bekam, das sich meine Venen immer einrollten, wenn er kam, eines Tages hatte ich genug und sagte zu ihm ganz höflich. Wenn er noch einmal daneben sticht, würde er der maßen eine in die Fresse bekommen. Da war das Thema für ihn und mir erledigt. Er hatte Angst, und eine nette Pflegerin, nahm mir das Blut ab. Seltsam die konnte das, ohne das man etwas spürte.

Visite was ist das denn schon wieder? Der Arzt sagte: »Ah der Herr Zecca Antonio Mario.«

Ich: »Hm ok, was gibt es, ich will meine Runde drehen.«

Der Doc: »Das man sie auch mal antrifft!«

Ich: »Wieso, bin doch immer da.«

Der Doc: »Mag ja sein, aber nicht wenn wir kommen.«

Ich: »Na gut, was ist los, wie lange habe ich noch?«

Doc: »Find ich nicht lustig, sie haben unwahrscheinliches Glück gehabt!«

»Glück hat damit nichts zu tun, sagte ich, wenn es nach ihren Ärzten bei der erst Untersuchung gegangen wäre, würde ich jetzt bestimmt nicht hier sein, sage nur Internisten und Neurologen, aber egal also raus mit der Sprache wie geht es weiter jetzt, wann kann ich hier raus, und was soll ich mit meiner Ernährung machen?«

Der Professor: »Essen sie nur einen, Drittel, von dem Essen, was sie zuvor zu sich genommen haben, wäre ein Anfang, und messen und Insulin spritzen. Sie bekommen einen Pen.«

Und wenn es nach ihm gehen würde, könnte ich heute hinaus, nach Hause, aber da es Freitag ist, sollte ich bis Montag warten. Da ich ja zum Hausarzt müsste, um alles zu bekommen, was ich in der Zukunft bräuchte.

Ich fragte: »Das mit dem Insulin, wie lange?

Professor: »Ein Leben lang.«

Ich: »Nein, das will ich nicht glauben, abwarten.«

Er sagte: »Alles Gute und seien sie dankbar, das sie noch leben.«

Ich bekam einen Anruf vom Jobcenter, die konnten mich wohl nicht erreichen und drohten mit Kürzungen, wenn ich nicht vorbeikäme. Was soll das denn, habe ich gesagt, dass ich im Krankenhaus liege und meine Frau die Meldung abgegeben hat. Nein, sie hätten nichts bekommen. Ich sollte mal nachfragen in der Verwaltung, ob sie es Faxen können.

Ich sagte: »Ich komme am Montag nach Hause, und könnte die Woche vorbei kommen.«

Damit war die Sache erledigt. Meiner Frau muss ich mal Bescheid geben. Immer dasselbe, wieder eine Ausrede, sie haben die Abteilung, nicht gefunden. Abteilung? Information abgeben mehr nicht. Ich hatte am Wochenende keinen Besuch, aber dafür mein türkischer Leidensgenosse und es war lustig, mit ihm. Wie der Besuch gegangen war, sind wir nach draußen gegangen und um das Krankenhaus, spazieren gegangen, es war das letzte Mal. Montag verabschiedet wir uns voneinander. Wir tauschten, Adresse und Telefon Nummer, untereinander aus. Hier und da immer bekam ich noch eine E-Mail von ihm. Montag musste ich das Zimmer räumen bis 10 Uhr. Dann warten, auf die Papiere lustig, es wurde Mittag und ich warte immer noch. Jetzt reicht es, ich muss heute noch zum Arzt. Ich zur Infotheke sagte: »Ich muss heute noch zum Arzt, wegen meiner Medikamente, faxen sie es dem Arzt!«

Die Tippse: »Das geht nicht sie bekommen es gleich, die Ärzte haben auch noch was anderes zu tun, als Entlassungen zu veranlassen, war die höfliche, Antwort von der Kaffeetante.«

Man oh man, sage ja Irrenhaus.

Ich: »Tschüss, ich bin weg, kennen ja meine Adresse.«

Und ging hinaus. Ach nee, wen treffe ich auf dem Gang, meinen Doc. Er hat den Briefumschlag und war in einer heiteren Diskussion, mit einem Kollegen. Hut ab vor der Tippse, die hat wirklich recht, dass die Ärzte etwas anderes zu tun haben, als Entlassungen zu schreiben.

Ich mit einem lauten: »Vorlauten guten Tag und auf Wiedersehen, können mir den Brief zuschicken.«

Der Doc, war nicht begeistert von meinem Auftritt, und meinte, ich sollte lernen mich, in Geduld zu üben, hier haben sie die Papiere und gut Besserung. Es war Montag und ich sagte: »Tschüss und schönes Wochenende.«

Ich bestellte mir ein Taxi, erkundigte mich bei meinem Hausarzt, wann ich vorbei kommen kann. Endlich raus aus dem Irrenhaus, und ab nach Hause. Vorab, musste ich, meiner Schwägerin noch Bescheid geben, dass sie erlöst ist, und bedankte mich bei ihr.

Und nun wie geht es weiter?

Soll, es war sein, mein Leben lang Insulin zu spritzen. Ich arme Sau, bleibt mir nichts erspart, so meine Gedanken. Oha, wieder diese Stimmung wie zuvor, ich glaube, bin das Leben irgendwie leid. Was soll ich tun? Bin noch nicht an der Reihe, die wollen mich noch nicht haben. So weiter machen, einfach nichts tun, oder brauche ich eine Bestimmung, seit meiner Nahtoderfahrung, grübelte ich darüber nach, was ich Sinnvolles, mit meinem Leben, anfangen kann. Hospiz vielleicht? Der Zahn zog man mir schon sehr schnell, da werden nur Krankenschwestern eingestellt. Ehrenamtlich, das käme infrage. Vielleicht Betreuung in der Demenz. Habe mich bei dem Jobcenter dafür starkgemacht, einen Termin zu bekommen. Um einen Bildungsgutschein zu bekommen, für ein Seminar, Thema Betreuungsassistent nach $87 B. Das ich dann, über das Erwachsenenbildungszentrum, Arbeit Remscheid absolvierte. Das mir auch gelang und dadurch manche Freundschaften abgeschlossen habe, die bis heute noch gelten. Kaum war das vorbei, kamen die ersten Bewerbungen dran. Ich dachte an die Worte, im Jobcenter, die werden gesucht die Kräfte. Wirklich? Vielleicht ja aber unentgeltlich, das heißt einen ein Euro Job. Wieder verarscht worden, ich habe es angenommen, in einer Tagespflege. Es ging auch so zwei Monate gut. Auf einmal meinte die Einsatzleiterin, sie hätte bemerkt, dass ich nicht glücklich bin, bei der Arbeit. Sie meinte, ich verlier sie ungern, aber es würde nichts bringen, wenn ich nicht glücklich dabei wäre. Glückliche Arbeiter gibt es ja auch so viele, vor allem voran ein Euro Jobber.

Wieder keine Arbeit. Frust macht sich breit, nee das kann ich gar nicht gebrauchen. Es kommt immer anders, als man denkt. Aber erst einmal wieder, zurück zum Gespräch mit meinem Hausarzt.

So Montagnachmittag, ich sprach mit meinem Arzt, brauche Messgerät, einen Penn und Insulin.

Mein Arzt mit einer Frage: »Spritzt du gerne?«

Ich: »Nein, wieso?«

Der Arzt: »Ja dann, versuchen wir es erst einmal, mit Metformin 850 mg zweimal am Tag, morgens 850 mg, abends 850 mg.«

Ich: »Wenn das geht, aber die im Krankenhaus haben gesagt, das ich jetzt mein ganzes Leben, Insulin spritzen muss.«

Mein Arzt: »Ich kenn dich aber besser, ich weiß, das du wieder Sport machst, und deine Ernährung umstellst, deinen Ehrgeiz, habe ich recht?«

Ich: »Kann sein, ich weiß nicht vielleicht.«

Arzt: »Mit Sicherheit, da gehe ich jede Wette ein. Hier dein Rezept, komm am Freitag noch mal vorbei, so gute Besserung.« Mit einem Kopfschütteln und einer brummigen Bemerkung in einem Selbstgespräch, lebenslang Insulin spritzen, die haben sie doch nicht alle.

Mein Arzt sollte recht behalten, am Tag darauf fing ich das Walken an. Besorgte mir eine Walkingausrüstung, suchte mir einen Trainer und lernte das Nordic Walking. Nach einigen Monaten wog ich schon 56 kg weniger, habe am Bauch 39 cm abgespeckt. Ich war wieder fit wie ein Turnschuh.

Ich war wie besessen, alles habe ich abgewogen, ausgerechnet und jede Kalorie aufgeschrieben.

Grüne punkte für 250 Kalorien – 500 Kalorien, Gelbe punkte für 500 Kalorien – 750 Kalorien, Rote punkte für 750 Kalorien – unendlich.

Mein Ziel war es, in zwei Jahren auf 82 kg Gewicht, herunter zu kommen.

Ich muss dazusagen, es dauerte nicht lange, nach einem Jahr war ich auf 74 kg heruntergehungert. Ich habe mich halbiert sozusagen. Aber meine Kraft und Muskulatur, war auch flöten gegangen, so eine Scheiße!

Und jetzt? Bin zum Fitgym 24, versuchte 50 kg Bankdrücken, es wurden nur 20 kg, nur die leere Hantelstange mehr ging nicht. So eine Blamage, jetzt nur noch Maschinentraining. In einem Jahr habe ich dann doch wieder so ca. 15 kg Muskulatur aufgebaut. Ich war wieder da, schaffte meine 80 kg Bankdrücken, und 160 kg Kreuzheben, für den Anfang konnte ich wieder mit frei Hanteln trainieren.

Kennt ihr das auch, so tage, wo alles daneben geht, was nur daneben gehen kann?

Es war einer dieser Tage, wo man besser zu Hause bleiben sollte. Kennt ihr das, man steht aus dem Bett auf, autsch an der Bettkante den kleinen Zeh gestoßen. Ich mache mir Frühstück, das halbe Brötchen fällt vom Tisch herunter, natürlich auf die Marmeladen Seite, gefolgt vom Marmeladenglas. Ich, kann es noch schlimmer werden, an diesem so verregneten Tag? Ich sollte recht behalten, es soll schlimmer kommen.

Ich hab beschlossen, etwas im Regen spazieren zu gehen, nebenbei einzukaufen, muss ja auch sein.

Ich sah aus den Augenwinkeln etwas schnell auf mich zukommen, ein weißer Lieferwagen, ich zur Seite gesprungen, fühlte noch den Hauch einer Berührung, von dem Seitenspiegel. Der Wagen blieb stehen, mitten auf dem Bürgersteig. Ich war erst perplex, über die Frechheit des Fahrers. Habe mich gefangen und den Fahrer zur Rede gestellt, warum er mich platt fahren wollte.

Er mit einem bösen Tonfall sagte: »Verpiss dich.«

Auf diese Anmachsprüche, wartete ich bis dahin schon so lange, in meinem Leben.

Ich mit einem: »Ich mich verpissen, das ist mein Land, du Komiker.«

Er: »Mach, das du wegkommst, ich haue dir eins auf die Fresse.«

Ich lief nach vorne zur Fahrerseite, bevor der Mann aussteigen konnte, holte ich mit den Füßen aus, mit meinen Arbeitsschuhen, inklusive der Stahlkappen, trat ich so richtig mit Schmackes, in diesen Wagenschlag, so drei Mal, es zeichnete sich eine fette Beule in der Tür ab. Und schrie den Fahrer an: »Dann komm doch, wenn du dich traust, oder hast du die Hosen voll. Ich soll mich verpissen, nein ich nicht du Penner.« Ich hörte ein Krachen vom Getriebe, er fuhr hastig wie von einer Tarantel gestochen davon. Ehrlich ich hatte selber Angst vor mir. Ich dachte, das kann so nicht weitergehen, du brauchst Hilfe.

Es war einmal ein Mann namens Toni, der einen großen Traum hatte: Er wollte Marathonläufer werden. Schon seit Jahren hatte er diesen Traum, aber bisher hatte er sich nie wirklich daran gewagt. Der Grund dafür war sein innerer Schweinehund.

Dieser Schweinehund war ein kleines, aber hartnäckiges Wesen, das Toni immer wieder davon abhielt, seine Ziele zu erreichen. Immer wenn er sich vornehmen wollte, regelmäßig zu trainieren oder seine Ernährung umzustellen, meldete sich der Schweinehund zu Wort.

"Das schaffst du sowieso nicht", sagte er dann. "Das ist viel zu anstrengend. Bleib lieber auf der Couch und schau fern." Und so verbrachte ich viel Zeit damit, auf der Couch zu sitzen und fernzusehen, statt sich auf den Weg zu machen, um seinen Traum zu verwirklichen. Eines Tages jedoch beschloss Toni, dass er genug hatte. Er wollte nicht mehr länger von seinem Schweinehund kontrolliert werden. Er beschloss, ihm den Kampf anzusagen und seinen Traum zu verwirklichen. Es war nicht einfach. Immer wenn Toni sich zum Laufen aufraffte, spürte er, wie der Schweinehund ihm im Nacken saß und ihm einredete, dass er das sowieso nicht schaffen würde. Aber Toni gab nicht auf. Er kämpfte jeden Tag aufs Neue gegen den Schweinehund an. Und mit der Zeit wurde es einfacher. Toni merkte, dass er immer länger laufen konnte, immer schneller wurde und immer mehr Spaß dabei hatte. Der Schweinehund wurde immer kleiner und schwächer, bis er schließlich ganz verschwand.

Am Ende war ich so weit, das ich einen halb Marathon laufen konnte. Ab und zu erlaube ich es dem inneren

Schweinehund, mich zu besuchen. Dann legen wir beide eine Pause ein, und Relaxen im Sessel.

Unschöne Begegnungen

Kennt ihr das auch, so tage, wo alles daneben geht, was nur daneben gehen kann?

Es war einer dieser Tage, wo man besser zu Hause bleiben sollte. Kennt ihr das, man steht aus dem Bett auf, autsch an der Bettkante den kleinen Zeh gestoßen. Ich mache mir Frühstück, das halbe Brötchen fällt vom Tisch herunter, natürlich auf die Marmeladen Seite, gefolgt vom Marmeladenglas. Ich, kann es noch schlimmer werden, an diesem so verregneten Tag? Ich sollte recht behalten, es soll schlimmer kommen.

Ich hab beschlossen, etwas im Regen spazieren zu gehen, nebenbei einzukaufen, muss ja auch sein.

Ich sah aus den Augenwinkeln etwas schnell auf mich zukommen, ein weißer Lieferwagen, ich zur Seite gesprungen, fühlte noch den Hauch einer Berührung, von dem Seitenspiegel. Der Wagen blieb stehen, mitten auf dem Bürgersteig. Ich war erst perplex, über die Frechheit des Fahrers. Habe mich gefangen und den Fahrer zur Rede gestellt, warum er mich platt fahren wollte.

Er mit einem bösen Tonfall sagte: »Verpiss dich.«

Auf diese Anmachsprüche, wartete ich bis dahin schon so lange, in meinem Leben.

Ich mit einem: »Ich mich verpissen, das ist mein Land, du Komiker.«

Er: »Mach, das du wegkommst, ich haue dir eins auf die Fresse.«

Ich lief nach vorne zur Fahrerseite, bevor der Mann aussteigen konnte, holte ich mit den Füßen aus, mit meinen Arbeitsschuhen, inklusive der Stahlkappen, trat ich so richtig mit Schmackes, in diesen Wagenschlag, so drei Mal, es zeichnete sich eine fette Beule in der Tür ab. Und schrie den Fahrer an: »Dann komm doch, wenn du dich traust, oder hast du die Hosen voll. Ich soll mich verpissen, nein ich nicht du Penner.« Ich hörte ein Krachen vom Getriebe, er fuhr hastig wie von einer Tarantel gestochen davon. Ehrlich ich hatte selber Angst vor mir. Ich dachte, das kann so nicht weitergehen, du brauchst Hilfe.

November 2012

Was so Psychopharmaka, so alles anstellen können mit unsereins.

Ja, ich habe jetzt ein Einsehen, es kann so nicht einfach weitergehen. Immer diese Ausraster, Wutausbrüche und Dummkoller. Ich spreche meinen Doc, einmal darauf an. Mein Doc sagte: »Ich schreibe dir Beruhigungsmittel auf, aber nimm maximal zwei Stück, das sind keine Bonbons. Aber sie machen nicht abhängig. In zwei Wochen sehen wir weiter.«

Ich sagte: »Ich bedanke mich, bis in zwei Wochen.«

Ich ging zur nächsten Apotheke, gab das Rezept ab, bekam das Medikament, mit dem Warnhinweis, das ich damit vorsichtig sein soll.

Ich nahm die Tabletten noch am gleiche Tag, diese wirkten sofort, ich wurde ruhiger, nein es ging mir alles, am Allerwertesten vorbei.

Nach so ein paar Tagen bekam ich Herzrasen, Zittern, ich hatte eine Panikattacke und Todesangst. Ich ging zum Doc, schilderte meine Symptome. Er winkte ab, sagte: »Mach mal eine Einnahmepause, das legt sich wieder.« Ich war wieder beruhigt, aber irgendetwas stimmt nicht. Ich kam nach Hause, zitterte am ganzen Körper. Ich dachte an meinen Diabetes Typ 2, bestimmt unterzuckert? Bekam Krämpfe, mein Gott was ist nur los mit mir. Ich rief die Nummer 112 an, man versicherte mir, dass die Rettung unterwegs sei. Als die Rettung eintraf, ging die Untersuchung wie am Fließband. Man sagte, dass ich wohl hyperventiliere. Aber um sicherzugehen, dass es sich nicht, doch um etwas Ernsteres zu tun haben, nehmen sie mich lieber mit, in die Klinik. Ich in der Klinik, dachte so, ich Trottel habe ja nicht erwähnt, dass ich das Medikament auf den Rat meines Arztes abgesetzt habe. Ich zu dem Arzt, sagte: »Ich habe die letzten Tage, Beruhigungstabletten genommen, habe sie aber wieder abgesetzt.« Der Arzt: »Wissen sie, was sie genommen haben?« Ich zeigte die Verpackung. Der Arzt mit: »Gut das sie mir das jetzt sagen, da können wir uns das weitere Prozedere ersparen, wissen sie, was ihnen fehlt, sie sind auf Entzug.« Ich: »Entzug?« Arzt sagte: »Ich gebe ihnen jetzt eine halbe Tablette, dann geht es wieder, denn wissen sie Herr Zecca, dieses Medikament macht sie bei der ersten Einnahme abhängig.« Mein Doc hat doch gesagt, die würden nicht abhängig machen. Ich habe die Tabletten ausschleichen lassen, zum Schluss nur noch Krümel zu mir genommen, dann gar nichts mehr. Mein Vertrauen zu meinem Arzt war dahin, ich suchte mir einen anderen. Aber was mache ich mit meinen aggressiven Verhalten? Ich dachte, ich versuch es mal in der Ambulanz des Tannenhofs. Dort bekam ich aber erst in drei Monaten einen Termin, bei Dr. Losch. Er kam schnell zu dem Schluss, dass ich es mit Melperon und Carbamazepin versuchen soll. Ich fühlte mich so etwas von ruhig, mit den Nebenwirkungen, dass ich keine Lust mehr habe, zum Sport zu gehen. Noch mich auf Arbeitssuche zu begeben. Ich zwinge mich zum Sport und anderen Aktivitäten. Was sollte ich tun, ich muss da durch. Aber es kam anders. Etwas, das so 35 Jahre zurückliegt, da war ich gerade mal 18 Jahre jung. Und ich niemals mehr damit gerechnet habe, dass ich damit wieder zu tun bekommen werde. Es gab eine Zeit, wo ich eine homosexuelle Beziehung, zu meinen besten Freund gehabt habe. Ich, das kann doch nicht wahr sein. Ich habe mir damals geschworen, nie wieder eine Beziehung, zu einen Mann aufzubauen. Aber der Auslöser waren die Medikamente, ich bekam eine Persönlichkeitsstörung.

Es kamen die Gedanken auf, an früher. Die Zeit mit meinem Freund, es war schmerzhaft. Ich kämpfte dagegen an. Der Drang war stärker. Meine Vergangenheit holte mich wieder ein.

Am 15.04.2013

Am 15.04.2013 war das erste richtige spontane Treffen mit einem Mann in meinem Leben. Es war ein Sonntag im April und morgens noch kalt. Wie immer sonntags, hatte ich Langeweile. Ich dachte mir, schreib doch einmal eine Kontaktanzeige. Gesagt getan, Er sucht Ihn. Ich habe so einige Bekanntschaften gehabt, das gebe ich zu. Aber es waren nicht so innige Beziehungen, wie die, mit meinem besten Freund, damals 1978. Es kam ein anderes Detail dazwischen, etwas das noch viel weiter zurückliegt. Jenes mit dem Fetisch, im Alter von 13 Jahren, das mit den Nylonstrumpfhosen.

Habe in letzter Zeit, mir schon so einige Male vorgestellt etwas vollkommen anderes auszuprobieren. Abhängig davon schrieb ich eine Kontaktanzeige, über das Portal, Markt. Unter der Rubrik Kleinanzeigen, Erotik, Er sucht Ihn. Wortlaut annonciert: Mann 50 Plus sucht einen Mann für Spielereien unter Männer. Zu meiner Person: 53 Jahre, 180 cm groß, 85 kg. Suche bevorzugt einen Mann, der gerne Damenwäsche trägt. Du solltest feminin sein und viel Zeit mitbringen. Muss ja nicht explizit, erwähnen, dass du sauber und gesund sein solltest. Das Alter, auf jeden Fall über 25 Jahre, Punkt. Überflog danach die Anzeige noch einmal, gab mich zufrieden mit dem Wortlaut. Schickte diese per E-Mail somit ab. Es dauerte einen Moment, im Nu kam eine Nachricht von Markt – Portal, die Annonce sei nun freigeschaltet. Glaubte keinesfalls an wirklichen Erfolg, doch weit gefehlt. Da kam, tatsächlich, nach kurzem Warten eine Nachricht: Hallo, ich bin der Daniel. – Komme aus Lüdenscheid. – Bin 30 Jahre alt, Damenwäscheträger, devot. – Möchte dich besuchen kommen. – Du wirst es nicht bereuen. – Lasse vieles mit mir machen. – Foto und mehr Info, bekommst du über Whats ... Gab ihm meine Nr.. Er zeigte mir Fotos von sich. Diese machten mich sehr neugierig auf ihn. Online bemerkte er, dass ich aussuchen sollte, was er bei unserem Treffen an Kleidung tragen soll. Ich entschied mich für schwarze halterlose Nylons, schwarzes Minikleid, rote Pumps und eine blonde Perücke, sollten das perfekte Outfit sein. Wir machten eine Uhrzeit aus. Schrieb ihm zum Schluss noch, freue mich auf Ihn. Ist es nicht zu weit, bei mir vorbei zukommen? Er formulierte online weiter: Nein, es geht, knappe Stunde. Wäre dann bei Dir! Reichte ihm auf diesem elektronischen Weg meine Wohnadresse und bedankte mich.

Ich bin sehr aufgeregt, habe verschwitzte Hände, fühle mich wie damals, als frühere Empfindungen wieder aufloderten, die Sehnsucht nach einem anderen Mann. Nach einer knappen halben Stunde klingelte es an meiner Wohnungstür. Ich öffnete, hinein kam ein junger Mann. Formulierte seine Vorstellung: »Hallo, ich bin der Daniel.« Mir schwebten Gedanken dahingehend vor, sein Erscheinen erfolgt genauso, wie er sich im Internet präsentierte. Doch ich schaute wohl etwas enttäuscht, was ihm auffiel. Daniel fragte: »Ist etwas? Gefalle ich dir nicht?« Mein redliches Dafürhalten: »Naja, habe etwas anderes erwartet, eben einen(e) Daniel(a) in Röckchen.« Von ihm kam abhängig davon, nur verlegenes Lächeln zurück: »Ja ich verstehe das!«. Aber ich komme vom Lande, wo sich Fuchs und Hase, gute Nacht sagen. Würde man in solcher Verkleidung hinausgehen, befürchte ich, mein Ansehen aufgrund tiefster Lächerlichkeit, jenseits der Nachbarn, preiszugeben«, und rief: »Das kannst du mir glauben!« Ich verkörperte ihm ansonsten glaubhaft, mein Verständnis, was das angeht, und fuhr fort: »Aber was nun?« Er: »Wo kann ich mich umziehen?« Ich zeigte ihm unser Schlafzimmer, Daniel blieb dort nicht überhörend mit einem: »Bis gleich und lass dich überraschen!« Eines sei jedoch erwähnenswert, als Typ, jener besseren Hälfte von Mann, entsprach derjenige nicht das, welcher mir gefällt, ergab mein erster Eindruck. Doch binnen kürzester Zeitspanne, bevor ersehnte Daniela ins Wohnzimmer hereinkam, wurde anlässlich dieser Situation zartbetont: »Schließe deine Augen und warte, bis ich ansage, sobald Du sie öffnen darfst.« Achtete im Anschluss daran gebannt seinem Wohlwollen. Endlich, Daniel kam als Daniela herein, hatte sinnlich, dezent Parfüm aufgelegt. Welch charmanter Duft erregte meine Sinne, samt verführerischem Flair. Mein Betteln, die Augen, öffnen zu dürfen, wurde unter Erbarmen jetzt doch akzeptiert: »So bitte, du kannst deine Augen aufmachen.« Zögernd in Erwartung, öffnete ich meine Augen, ich war sprachlos: Meinerseits kam nur ein »Wow« heraus. Du siehst umwerfend aus! Habe ja einiges erwartet, aber nicht das sich »Einer« so verwandeln kann. Wenn man dich zuvor nicht als Mann gesehen hätte, würde jeder beteuern, du bist eine attraktive schöne Frau! Mir wurde es eng, in meiner Hose. Daniel bedankte sich für das Kompliment und äußerte, ich hab uns etwas mitgebracht, zum Kennenlernen. Hast du Gläser zum Anstoßen? Ich, das ist aber lieb von dir. Komm, setz dich zu mir. Daniel kam meiner Einladung nach, sagte in positiver Hinsicht daraufhin, dass er schon Vorbehalte gehabt hat, aber ich ganz anders wäre, wie erwartet. Ich lächelnd, was hast du denn gedacht, dass ich über dich herfallen würde? Er perplex, irgendwie schon! Ich, keine Angst, so nötig habe ich es nicht! Und erzählte ihm, über meinen festen Freund, der aber mich in letzter Zeit vernachlässigt. Was bist du eher, bi oder Gay? Daniel, ich bin bi, habe es schon im frühen Alter bemerkt, das ich auf beide Geschlechter stehe. Ich, du hast annonciert, dass du devot bist, ich mit dir machen kann, was ich will. Stimmt das auch wirklich so? Denn man sollte es nur anbieten, wenn`s wirklich stimmt! Beschämt sagte er, dass er sich interessanter machen wollte. Bist du jetzt enttäuscht? Ich, Nein! Und von Daniel, ich hatte noch nie so richtig Sex mit einem Mann, aber in meinen Gedanken schon. Du bist der Erste, dem ich mich so zeige, außerdem bekomme ich oft Anfragen mit Einladungen zu Treffpunkten, dann ist keiner dort oder die Adresse stimmt nicht. Du bist der Einzige, der so ehrlich geschrieben hat, ohne Anzüglichkeiten. Ich deutete, genug geredet! Strich über seine Nylons. Daniel gefiel es, meine Spontanität, und begrüßte es, dass ich den Anfang machte. Lass uns, ins Schlafzimmer geh 'n, dort ist es ge-

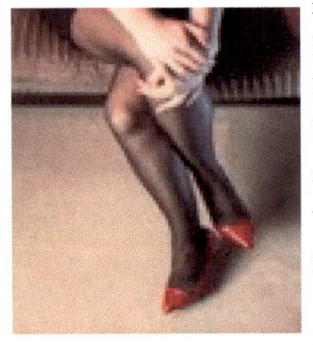

mütlicher! Ich, Daniela wie lange hast du Zeit? Er, schaute verblüfft. Wie Daniela? Ich, Ja! Du bist ab jetzt Daniela und die Dame von uns beiden, oder? Er, wieder verlegen, mit einem Zögernden, ja …

Ich war so etwas von angetan, habe so viel Fragen an ihm. Ich versuchte es danach auch einmal an Karneval, selber aus. Es veränderte von diesem Tag alles, in meinem Leben, ich wurde ein Crossdresser und habe es bis 2021 fleißig betrieben. Es war schleichend, der Umstand, dass ich immer so in der Öffendlichkeit, in der Damenkleidung, zu sehen sein möchte.

Ich wurde eine Transperson. Heute bin ich eingetragen als Transfrau.

»Das Leben ist wie ein Buch. Jeden Tag schlägst du eine gute Seite auf. Schreibe eine gute Geschichte.«

»Das Leben ist auch kurz, aber Hoffnung ist unendlich.«

»Das Leben ist wie eine Kamera, fokussiere auf das Positive, entwickle aus Negativen und wenn etwas nicht stimmt, dann mach einen Shot.«

»Das Leben ist eine Reise. Nimm nicht nur die geraden Straßen.«

»Das Leben ist ein Abenteuer. Macht das beste daraus und genieße jede Minute.«

»Das Leben lebt man nur einmal. Nutze jede Chance, die sich dir bietet.«

»Das Leben ist ein Geschenk, nutze es sinnvoll.«

»Das Leben ist wie eine Geige. Du musst die Seiten selbst stimmen. Aber wenn es dir gelingt, wird das schönste Lied erklingen.«

»Das Leben ist wie eine Tafel Schokolade. Genieße jede Minute und teile das Glück mit anderen.«

»Das Leben ist bunt. Sei mutig und male es in den Farben, die dir gefallen.«

Mein Leben ist, um einiges Bunter geworden, seit ich mein wahres »Ich« lebe!

Bewusstsein

Bewusstsein, kurze Geschichten:
Kleine Geschichten über das Bewusstsein.

Es war einmal ein Mann namens Alex, der sein Leben lang versucht hatte, das Geheimnis des Bewusstseins zu entschlüsseln. Er hatte alle möglichen Bücher gelesen und zahlreiche Theorien studiert, aber trotz all seiner Bemühungen konnte er das Rätsel einfach nicht lösen. Eines Tages, als er in seinem Labor arbeitete, geschah etwas Unglaubliches. Er war gerade dabei, eine neue Maschine zu entwickeln, die das Bewusstsein messen konnte, als plötzlich ein Blitz einschlug und ihn in eine andere Dimension beförderte. In dieser fremden Welt gab es kein physisches Universum, sondern nur ein endloses Meer aus Bewusstsein. Alex konnte sehen und hören, aber er hatte keinen Körper mehr. Er war sich bewusst, dass er immer noch er selbst war,
aber er konnte nicht verstehen, wie er ohne seinen physischen Körper existieren konnte.

Nach einiger Zeit begann er jedoch zu begreifen, dass das Bewusstsein selbst die Grundlage für alles war. Jedes Wesen, jeder Gedanke, jedes Gefühl und jede Erfahrung hatte ihren Ursprung im Bewusstsein. Es war wie ein endloses Meer, das alles enthielt, was je existiert hatte oder existieren würde. Als er in diese Einsicht kam, hatte er eine Art Erleuchtungserfahrung und wurde sich bewusst, dass das Bewusstsein selbst die Antwort auf alle seine Fragen war. Er war nicht mehr besessen von der Suche nach dem Geheimnis des Bewusstseins, sondern fand stattdessen eine tiefe innere Ruhe und Zufriedenheit. Als er schließlich zurück in seine eigene Welt zurückkehrte, war er ein veränderter Mann. Er wusste jetzt, dass das Bewusstsein das Fundament von allem war und dass es die Antwort auf alle seine Fragen enthielt. Er beschloss, sein Leben der Erforschung des Bewusstseins zu widmen und anderen zu helfen, ihre eigenen Erkenntnisse zu finden.

2

Es war einmal ein Mann namens Jonas, der sich immer wieder fragte, was Bewusstsein eigentlich bedeutete. Er hatte viel darüber gelesen und darüber nachgedacht, aber er konnte sich einfach nicht vorstellen, wie es sich anfühlte, wirklich bewusst zu sein.

Eines Tages beschloss Jonas,

einen Spaziergang in den nahen gelegenen Wald zu machen, um über seine Fragen nachzudenken. Als er sich auf den Weg machte, bemerkte er plötzlich, wie alle seine Sinne auf einmal aktiviert wurden. Er hörte das Zwitschern der Vögel, roch den Duft der Blumen und spürte die weiche Erde unter seinen Füßen. Es war, als ob er zum ersten Mal wirklich bemerkte, wie lebendig die Welt um ihn herum war. Doch dann begann er zu zweifeln. War das wirklich das Bewusstsein? Oder war es nur seine Vorstellung davon? Konnte er überhaupt sicher sein, dass er wusste, was Bewusstsein bedeutete? Jonas beschloss, sich auf einen Baumstumpf zu setzen und weiter über seine Fragen nachzudenken. Während er dasaß, spürte er plötzlich, wie sich etwas in seinem Inneren zu bewegen begann. Es war, als ob sein Geist sich öffnete und er plötzlich in der Lage war, Dinge zu verstehen, die er zuvor nie begriffen hatte. Er erkannte, dass Bewusstsein mehr war als nur das Erleben von Sinneswahrnehmungen. Es war ein komplexes Zusammenspiel von Gedanken, Emotionen und Empfindungen, das ihn zu dem machte, was er war. Er begann, sich vorzustellen, wie es wäre, wenn er nicht mehr bewusst sein würde, und erschrak bei dem Gedanken. Als er schließlich wieder aufstand und seinen Spaziergang fortsetzte, fühlte er sich verwandelt. Er hatte vielleicht nicht alle Antworten gefunden, aber er hatte ein tiefes Verständnis dafür entwickelt, was Bewusstsein für ihn bedeutete. Und das allein war genug, um ihn für den Rest seines Lebens zu begleiten.

3

Es war einmal ein kleines Wesen, das in einem dunklen und engen Raum gefangen war. Es wusste nicht, wer es war oder wie es dorthin gekommen war. Es konnte sich nicht einmal bewegen, weil es so eng war. Es war wie eingesperrt. Eines Tages begann das Wesen, Stimmen zu hören. Es konnte nicht sagen, woher sie kamen oder wer sie aussprach, aber es wusste, dass es nicht allein war. Es begann, mit den Stimmen zu sprechen, und nach einer Weile begann es, ein Bewusstsein zu entwickeln.

Das Wesen begann zu verstehen, wer es war und was es wollte. Es wollte frei sein und die Welt außerhalb des kleinen Raumes erkunden. Aber es wusste nicht, wie es das tun sollte. Es versuchte, sich zu bewegen und gegen die Wände des Raumes zu stoßen, aber es war vergeblich. Das Wesen beschloss, sich auf seine Gedanken und Vorstellungen zu konzentrieren. Es begann, sich eine Welt vorzustellen, in der es frei war und all die Dinge tun konnte, von denen es geträumt hatte. Es stellte sich vor, durch Felder zu laufen und den Wind in den Haaren zu spüren, die Sonne auf seiner Haut zu fühlen und den Klang von Vögeln zu hören.

Allmählich begann der Raum, in dem das Wesen gefangen war, heller zu werden. Es konnte jetzt sehen, dass es in einem kleinen Käfig saß, aber es wusste, dass es in seiner Vorstellung eine Welt erschaffen hatte, die größer und schöner war als alles, was es sich jemals hätte vorstellen können.

Das Wesen erkannte, dass es das Bewusstsein hatte, seine Realität zu verändern und zu gestalten. Es war nicht länger in der Dunkelheit gefangen, sondern konnte durch seine Gedanken und Vorstellungen eine neue Welt erschaffen. Und so begann es, sein Bewusstsein zu nutzen, um seine Welt zu gestalten und seine Träume zu verwirklichen.

4

Es war einmal ein junger Mann namens Alex, der sich immer gefragt hatte, was Bewusstsein wirklich bedeutet. Er hatte gehört, dass Bewusstsein die Fähigkeit des Geistes ist, seine eigene Existenz und Umgebung wahrzunehmen, aber er konnte sich nicht vorstellen, wie es sich anfühlen würde, bewusst zu sein. Eines Tages, als Alex durch einen Wald spazierte, stieß er auf einen alten Mann, der auf einem Baumstumpf saß und meditierte. Alex fragte den Mann, ob er ihm etwas über Bewusstsein beibringen könne, und der Mann stimmte zu.

Der alte Mann erklärte Alex, dass Bewusstsein wie ein Licht sei, das in einem dunklen Raum leuchtet. Es ist das Licht, das alles im Raum beleuchtet und ermöglicht, dass wir die Dinge um uns herum sehen können.

Ohne das Licht wäre der Raum dunkel und wir könnten nichts erkennen. In ähnlicher Weise ermöglicht das Bewusstsein, dass wir die Welt um uns herum wahrnehmen und verstehen können. Es ist das Licht, das unsere Gedanken und Gefühle erleuchtet und uns erlaubt, Entscheidungen zu treffen und Handlungen auszuführen.

Alex fragte den alten Mann, wie er sicherstellen könne, dass er bewusst bleibe. Der Mann antwortete, dass Bewusstsein wie ein Muskel sei, den man trainieren müsse. Man müsse bewusst darauf achten, was um einen herum geschieht und versuchen, seine Gedanken und Gefühle zu kontrollieren. Alex verließ den Wald und begann, sich auf seine Wahrnehmungen und Gedanken zu konzentrieren. Er bemerkte, dass er sich oft von seinen Gefühlen überwältigt fühlte und dass er nicht bewusst auf seine Umgebung achtete. Mit der Zeit begann Alex, bewusster zu werden und seine Gedanken und Gefühle besser zu kontrollieren. Er erkannte, dass Bewusstsein nicht nur ein Zustand des Geistes ist, sondern auch eine Art zu leben. Er fand Freude und Frieden in seinem neuen Bewusstseinszustand und lebte glücklich bis ans Ende seiner Tage. Und so endet die Geschichte von Alex und dem alten Mann, die uns daran erinnert, dass Bewusstsein nicht nur ein abstrakter Begriff ist, sondern auch eine lebensverändernde Erfahrung sein kann, die uns dazu bringt, die Welt auf eine neue und aufregende Weise zu sehen.

5

Es war einmal ein Mann namens David, der seit vielen Jahren als erfolgreicher Geschäftsmann arbeitete. Eines

Tages jedoch bemerkte er etwas Seltsames: Er hatte das Gefühl, als ob er nicht wirklich anwesend war, als ob er nicht wirklich Teil der Welt um ihn herum war. Er begann, sich zu fragen, was das alles bedeutete, und begann, über das Bewusstsein nachzudenken. David begann, Bücher über das Bewusstsein zu lesen und sich mit Experten auf diesem Gebiet zu treffen. Er lernte, dass das Bewusstsein das ist, was uns erlaubt, zu denken, zu fühlen und zu erleben.

Es ist das, was uns als Individuen ausmacht und uns von anderen unterscheidet. David begann, sich bewusst zu werden, dass er sich jahrelang auf seine Karriere konzentriert hatte und dabei vergessen hatte, dass es noch andere Dinge im Leben gibt. Er begann, sich darauf zu konzentrieren, im Moment zu leben und jeden Augenblick zu schätzen. Er verbrachte Zeit mit seinen Freunden und seiner Familie und begann, seine Umgebung bewusster wahrzunehmen. Je mehr David über das Bewusstsein nachdachte, desto mehr erkannte er, dass es der Schlüssel zu einem erfüllten Leben war. Er lernte, dass es nicht nur darum geht, erfolgreich zu sein oder viel Geld zu verdienen, sondern darum, bewusst zu leben und jeden Moment zu schätzen. Mit der Zeit wurde David zu einem glücklicheren und erfüllteren Menschen. Er erkannte, dass das Bewusstsein nicht etwas ist, was man einfach hat oder nicht hat, sondern dass es eine Fähigkeit ist, die man trainieren und entwickeln kann. Er begann, seine Gedanken und Emotionen bewusster zu kontrollieren und dadurch sein Leben zu verbessern. David erkannte schließlich, dass das Bewusstsein der Schlüssel zu einem glücklichen und erfüllten Leben war und dass es nie zu spät war, um damit anzufangen. Er beschloss, anderen Menschen von seinen Erkenntnissen zu erzählen und sie zu ermutigen, bewusster zu leben und jeden Moment zu schätzen.

6.

Es war einmal ein junger Mann namens Max, der sein ganzes Leben lang darum gekämpft hatte, seine Gedanken und Emotionen zu kontrollieren.

Er war davon überzeugt, dass er, wenn er nur hart genug arbeiten würde, in der Lage sein würde, sein Bewusstsein vollständig zu beherrschen und seine inneren Dämonen zu besiegen. Doch eines Tages traf Max auf einen weisen Mann, der ihm erklärte, dass das Bewusstsein nicht etwas ist, das man kontrollieren oder besiegen kann. Es sei vielmehr ein Teil von uns, dass uns ständig begleitet und unser Denken, Fühlen und Handeln beeinflusst. Max war zunächst verwirrt von diesen Worten. Doch als er darüber nachdachte, erkannte er, dass der weise Mann recht hatte. Denn egal wie sehr er sich bemühte, seine Gedanken und Emotionen zu unterdrücken, sie tauchten immer wieder auf und beeinflussten ihn auf eine Art und Weise, die er nicht kontrollieren konnte. Also beschloss Max, das Bewusstsein als Teil von sich selbst anzunehmen, anstatt es zu bekämpfen. Er begann, seine Gedanken und Emotionen bewusster wahrzunehmen und sich selbst zu akzeptieren, auch wenn er manchmal Dinge dachte oder fühlte, die er nicht mochte. Mit der Zeit wurde Max immer mehr zu einem Meister seines Bewusstseins, nicht weil er es kontrollierte, sondern weil er lernte, damit zu leben und es zu akzeptieren.

7.

Es war einmal ein kleines Wesen, das gerade geboren wurde. Es war noch nicht in der Lage zu sprechen oder zu denken, aber es konnte die Welt um sich herum wahrnehmen. Es konnte die Farben, Geräusche und Bewegungen um sich herum erkennen und spüren, aber es wusste nicht, was sie bedeuteten. Das kleine Wesen begann, sich zu fragen, was all diese Dinge waren, die es wahrnahm. Es begann, über seine Wahrnehmungen nachzudenken und darüber, was sie bedeuten könnten. Mit der Zeit begann es zu verstehen, dass die Dinge, die es wahrnahm, einen Zweck hatten und eine Bedeutung hatten.

Das kleine Wesen begann, ein Bewusstsein für die Welt um sich herum zu entwickeln. Es erkannte, dass es ein Teil dieser Welt war und dass es die Dinge, die es wahrnahm, beeinflussen konnte. Es lernte, dass es Entscheidungen treffen konnte, die Auswirkungen auf seine Umgebung hatten. Je mehr das kleine Wesen über die Welt um sich herum lernte, desto mehr wuchs sein Bewusstsein. Es lernte, dass es nicht nur ein passiver Beobachter der Welt war, sondern dass es auch aktiv an ihr teilnehmen konnte.

Nicht umsonst heißt es: Zu viel denken macht Kopf-schmerzen.

Themen über das Leben:

Selbstentwicklung und Persönlichkeitsentwicklung.

Selbstentwicklung und Persönlichkeitsentwicklung sind wichtige Themen, die uns ein Leben lang begleiten. Die Selbstentwicklung hört nie auf und wir haben immer die Chance, an uns zu arbeiten, uns zu verändern und weiterzuentwickeln. Es gibt viele Möglichkeiten, wie man seine individuelle Selbstentwicklung aktiv gestalten und sich selbst fördern kann. Grundsätzlich lässt sich die Selbstentwicklung in vier Bereiche unterscheiden: Persönlichkeitsentwicklung, Selbstcoaching, Weiterbildung und Sinnsuche.

Persönlichkeitsentwicklung umfasst alle Veränderungen von Persönlichkeitsmerkmalen, die ein Mensch in seinem Leben durchläuft. Diese Anpassungen können teilweise bewusst von der Person selbst ausgehen, können aber auch durch äußere Umstände und Einflüsse ausgelöst werden. Durch Persönlichkeitsentwicklung und das damit verbundene persönliche Wachstum können zahlreiche Ziele und Vorteile erreicht werden, wie zum Beispiel Selbstbewusstsein, besserer Umgang mit unterschiedlichen Situationen, innere Stärke und Resilienz, Unabhängigkeit, Offenheit, Problemlösungskompetenz und sich selbst besser kennenlernen.

Durch Persönlichkeitsentwicklung und das damit verbundene persönliche Wachstum können zahlreiche Vorteile erreicht werden. Einige davon sind:

Selbstbewusstsein: Durch die Arbeit an sich selbst und die Überwindung von Herausforderungen kann das Selbstbewusstsein gestärkt werden.

Besserer Umgang mit unterschiedlichen Situationen: Durch die Entwicklung von Fähigkeiten wie Problemlösungskompetenz und Flexibilität kann man besser mit schwierigen Situationen umgehen.

Innere Stärke und Resilienz: Durch die Arbeit an sich selbst kann man innere Stärke aufbauen und widerstandsfähiger gegenüber Rückschlägen werden.

Unabhängigkeit: Durch die Entwicklung von Fähigkeiten wie Selbstvertrauen und Selbstbewusstsein kann man unabhängiger von der Meinung anderer werden.

Offenheit: Durch die Arbeit an sich selbst kann man offener für neue Erfahrungen und Perspektiven werden.

Problemlösungskompetenz: Durch die Entwicklung von Fähigkeiten wie kritisches Denken und Kreativität kann man besser in der Lage sein, Probleme zu lösen.

Sich selbst besser kennenlernen: Durch die Arbeit an sich selbst kann man sich selbst besser kennenlernen und verstehen.

Innere Realitäten auflösen: Um die inneren Realitäten aufzulösen, ist es wichtig, diese im ersten Schritt zu erkennen und sich überhaupt bewusst zu machen.

Positives Selbstbild schaffen: Das Bild von dir selbst, welches du in deinem Kopf von dir hast, trägt dazu bei, wie du durch die Welt gehst und wie gut du mit Schwierigkeiten umgehen kannst.

Energieräuber vermeiden: Vermeide Dinge oder Menschen, die dir Energie rauben und dich schwächen.

Selbstakzeptanz: Akzeptiere dich selbst so, wie du bist.

Entspannung: Nimm dir Zeit für Entspannung und Erholung.

Ehrlichkeit was bedeutet es

Ehrlichkeit ist eine wichtige Tugend, die in vielen Bereichen des Lebens von großer Bedeutung ist. Hier sind einige Gründe, warum Ehrlichkeit wichtig ist:

Vertrauen: Ehrlichkeit ist eine Voraussetzung für Vertrauen. Wenn man ehrlich ist, zeigt man anderen, dass man vertrauenswürdig ist. Ohne Vertrauen kann keine Beziehung aufrecht erhalten werden, sei es in der Familie, im Freundeskreis oder im Beruf. Respekt: Ehrlichkeit zeigt Respekt gegenüber anderen. Wenn man ehrlich ist, zeigt man anderen, dass man sie respektiert, indem man ihnen die Wahrheit sagt und sie nicht belügt oder betrügt. Glaubwürdigkeit: Ehrlichkeit ist ein wichtiger Faktor, wenn es darum geht, glaubwürdig zu sein. Wenn man ehrlich ist, zeigt man anderen, dass man eine starke moralische Grundlage hat und dass man zu seinem Wort steht.

Konfliktlösung: Ehrlichkeit ist wichtig, um Konflikte zu lösen. Wenn man ehrlich über seine Gefühle und Meinungen ist, kann man Konflikte auf eine sachliche Art und Weise lösen, ohne dass sie eskalieren.

Selbstachtung: Ehrlichkeit ist auch wichtig für die Selbstachtung. Wenn man ehrlich ist, kann man stolz darauf sein, wer man ist und was man tut. Wenn man jedoch lügt oder betrügt, wird man sich selbst nicht respektieren können.

Insgesamt ist Ehrlichkeit eine wichtige Tugend, die dazu beiträgt, Beziehungen aufzubauen und aufrechtzuerhalten, Konflikte zu lösen und Respekt und Glaubwürdigkeit zu zeigen.

Ehrlichkeit bezeichnet die sittliche Eigenschaft des Ehrlichseins und wird heute meist in der Bedeutung von Redlichkeit, Aufrichtigkeit, Wahrhaftigkeit, Offenheit, Geradlinigkeit und Fairness verwendet. Ehrlichkeit ist die Basis eines vertrauensvollen gemeinsamen Miteinanders. Ohne sie kann kein fundiertes Vertrauen aufgebaut beziehungsweise aufrecht erhalten werden. Ehrlichkeit ist eine wichtige Tugend und spielt in unserem Leben und in der Gesellschaft eine entscheidende Rolle. Diese Charaktereigenschaft wissen wir bei Mitmenschen sehr zu schätzen, denn sie verleiht uns ein Gefühl der Verlässlichkeit und des Vertrauens. Es gibt auch die Ehrlichkeit zu sich selbst, die bedeutet, dass man sich selbst gegenüber aufrichtig ist und seine eigenen Gedanken und Gefühle akzeptiert. Es gibt viele Lebensweisheiten und Zitate zum Thema Ehrlichkeit, wie zum Beispiel "Ehrlich währt am längsten" oder "Lügen haben kurze Beine". Ehrlichkeit hat viele Vorteile. Sie ist die Basis für ein vertrauensvolles Miteinander und hilft uns dabei, uns weiterzuentwickeln. Wenn wir ehrlich sind, nehmen andere Menschen uns ernst und haben ein positives Bild von uns. Ehrlichkeit und Vertrauen sind der Schlüssel zu einem harmonischen Miteinander. Ehrliche und offene Menschen verlieren vieles, aber niemals ihr Gesicht.

Ehrlichkeit kann manchmal auch Nachteile haben. Es gibt Situationen, in denen die Wahrheit verletzend sein kann, und es ist wichtig, die Gefühle anderer Menschen zu berücksichtigen. Manchmal kann es auch schwierig sein, ehrlich zu sein, wenn man befürchtet, dass die Wahrheit negative Konsequenzen haben könnte. Es ist wichtig, eine Balance zu finden zwischen Ehrlichkeit und Rücksichtnahme auf die Gefühle anderer. Übe, deine Gedanken und Gefühle auszudrücken: Versuche, deine Gedanken und Gefühle offen und ehrlich auszudrücken, auch wenn es manchmal schwierig sein kann.

Sei dir selbst gegenüber ehrlich: Akzeptiere deine eigenen Gedanken und Gefühle und sei ehrlich zu dir selbst.

Übernimm Verantwortung für deine Handlungen: Wenn du einen Fehler gemacht hast, übernimm die Verantwortung dafür und entschuldige dich.

Vermeide Ausreden: Versuche, keine Ausreden zu benutzen, um unangenehme Situationen zu vermeiden.

Sei respektvoll: Denke daran, dass Ehrlichkeit nicht bedeutet, verletzend oder respektlos zu sein. Es ist wichtig, die Gefühle anderer Menschen zu berücksichtigen. Die Ehrlichkeit zu sich selbst bedeutet, dass man sich selbst gegenüber aufrichtig ist und seine eigenen Gedanken und Gefühle akzeptiert. Es bedeutet auch, dass man sich seiner Stärken und Schwächen bewusst ist und sich nicht selbst belügt oder täuscht. Die Ehrlichkeit zu sich selbst kann dazu beitragen, dass man ein erfüllteres Leben führt, da man sich selbst besser kennenlernt und seine Bedürfnisse und Wünsche besser versteht. Es kann auch dazu beitragen, dass man bessere Entscheidungen trifft und ein authentischeres Leben führt.

Die Ehrlichkeit zu sich selbst bedeutet, dass man sich selbst gegenüber aufrichtig ist und seine eigenen Gedanken und Gefühle akzeptiert. Es bedeutet auch, dass man sich seiner Stärken und Schwächen bewusst ist und sich nicht selbst belügt oder täuscht. Die Ehrlichkeit zu sich selbst kann dazu beitragen, dass man ein erfüllteres Leben führt, da man sich selbst besser kennenlernt und seine Bedürfnisse und Wünsche besser versteht. Es kann auch dazu beitragen, dass man bessere Entscheidungen trifft und ein authentischeres Leben führt. Es gibt Situationen, in denen zu viel Ehrlichkeit verletzend oder unangemessen sein kann. Es ist wichtig, die Gefühle anderer Menschen zu berücksichtigen und eine Balance zu finden zwischen Ehrlichkeit und Rücksichtnahme. Manchmal kann es auch besser sein, bestimmte Dinge für sich zu behalten, wenn sie keinen positiven Zweck erfüllen oder anderen schaden könnten. Es ist wichtig, sich daran zu erinnern, dass Ehrlichkeit nicht bedeutet, alles zu sagen, was einem in den Sinn kommt, sondern dass man respektvoll und rücksichtsvoll mit anderen umgeht. Es kann manchmal schwierig sein, die richtige Balance zwischen Ehrlichkeit und Rücksichtnahme zu finden. Hier sind einige Tipps, die dir dabei helfen können:

Überlege, wie deine Worte auf andere wirken könnten: Bevor du etwas sagst, überlege, wie es auf andere Menschen wirken könnte und ob es verletzend oder unangemessen sein könnte.

Wähle deine Worte sorgfältig: Versuche, deine Gedanken und Gefühle auf eine respektvolle und rücksichtsvolle Weise auszudrücken.

Sei einfühlsam: Versuche, dich in die Lage anderer Menschen zu versetzen und ihre Perspektive zu verstehen.

Denke an das große Ganze: Überlege, ob es in einer bestimmten Situation wichtiger ist, ehrlich zu sein oder die Gefühle anderer Menschen zu berücksichtigen. Hier sind einige Tipps, die dir dabei helfen können, deine Gedanken und Gefühle besser auszudrücken:

Nimm dir Zeit, um über deine Gedanken und Gefühle nachzudenken: Versuche, dir regelmäßig Zeit zu nehmen, um über deine Gedanken und Gefühle nachzudenken und sie zu verstehen.

Übe aktives Zuhören: Wenn du mit anderen Menschen sprichst, versuche, aktiv zuzuhören und ihnen deine volle Aufmerksamkeit zu schenken.

Verwende "Ich"-Botschaften: Wenn du über deine Gedanken und Gefühle sprichst, verwende "Ich"-Botschaften, um auszudrücken, wie du dich fühlst.

Sei offen und ehrlich: Versuche, offen und ehrlich über deine Gedanken und Gefühle zu sprechen, auch wenn es manchmal schwierig sein kann.

Erfahrungen

Erfahrungen wichtig?

Erfahrungen sind die Ergebnisse unserer Handlungen, Entscheidungen und Interaktionen mit der Welt um uns herum. Jeder Mensch sammelt im Laufe seines Lebens eine Vielzahl von Erfahrungen, sowohl positive als auch negative.

Erfahrungen sind ein wichtiger Teil unseres Lernprozesses. Durch das Sammeln von Erfahrungen können wir Wissen erwerben, Fähigkeiten entwickeln und uns persönlich weiterentwickeln. Positive Erfahrungen können uns Selbstvertrauen und Motivation geben, während negative Erfahrungen uns dazu bringen können, uns selbst und unsere Handlungen zu reflektieren und zu verbessern.

Erfahrungen sind jedoch auch subjektiv und können von Person zu Person unterschiedlich sein. Was für eine Person eine positive Erfahrung ist, kann für eine andere Person eine negative Erfahrung sein. Es ist wichtig, zu erkennen, dass unsere Erfahrungen von unseren eigenen Perspektiven, Überzeugungen und Vorurteilen beeinflusst werden können.

Es ist auch wichtig zu beachten, dass nicht alle Erfahrungen innerhalb unserer Kontrolle liegen. Manche Erfahrungen, wie Krankheit oder Naturkatastrophen, können unvorhersehbar sein und außerhalb unserer Kontrolle liegen. In solchen Fällen ist es wichtig, zu akzeptieren, dass wir nicht alles kontrollieren können und dass es normal ist, dass wir uns von solchen Erfahrungen betroffen fühlen.

Insgesamt können Erfahrungen uns dabei helfen, uns als Individuen zu entwickeln und uns in unserer Beziehung zur Welt um uns herum zu orientieren. Es ist wichtig, aus unseren Erfahrungen zu lernen und sie als Werkzeug zu nutzen, um unser Wissen und unsere Fähigkeiten zu erweitern und uns als Menschen zu verbessern.

Erfahrungen sind ein wichtiger Bestandteil unseres Lebens. Sie sind die Erlebnisse und Erkenntnisse, die wir durch unsere Handlungen und Interaktionen mit der Welt um uns herum sammeln. Erfahrungen können sowohl positive als auch negative Aspekte haben, und sie können uns helfen, zu wachsen, uns zu entwickeln und uns zu verändern.

Positive Erfahrungen können uns ein Gefühl der Freude, des Glücks und des Wohlbefindens geben. Zum Beispiel kann das Erleben einer wunderschönen Landschaft oder das Treffen einer Person, die uns inspiriert, uns positive Erfahrungen geben. Diese Erfahrungen können uns dazu ermutigen, uns auf ähnliche Erfahrungen in der Zukunft zu konzentrieren.

Negative Erfahrungen können uns unangenehme Gefühle wie Schmerz, Traurigkeit oder Angst bereiten. Zum Beispiel kann das Scheitern bei einem Projekt oder die Trennung von einem geliebten Menschen uns negative Erfahrungen geben. Obwohl diese Erfahrungen schwierig sein können, können sie uns auch lehren, wie wir in Zukunft anders handeln können, um ähnliche negative Erfahrungen zu vermeiden.

Erfahrungen können uns auch dabei helfen, unsere Perspektiven und unsere Weltanschauungen zu erweitern. Wenn wir neue Dinge ausprobieren und uns neuen Herausforderungen stellen, können wir unsere Grenzen erweitern und unser Verständnis der Welt vertiefen. Darüber hinaus können Erfahrungen uns auch helfen, Verhaltensmuster zu erkennen und zu ändern, die uns in der Vergangenheit möglicherweise behindert haben.

Insgesamt sind Erfahrungen ein wichtiger Bestandteil unseres Lebens. Positive Erfahrungen können uns ermutigen, uns auf ähnliche Erfahrungen in der Zukunft zu konzentrieren, während negative Erfahrungen uns lehren können, wie wir in Zukunft anders handeln können, um ähnliche negative Erfahrungen zu vermeiden. Unabhängig davon, ob die Erfahrungen positiv oder negativ sind, können sie uns dabei helfen, zu wachsen und uns weiterzuentwickeln.

Erfahrungen sind die individuellen Erlebnisse und Begegnungen, die wir im Laufe unseres Lebens machen. Sie können positiv oder negativ sein, aber jede Erfahrung bietet uns, die Möglichkeit zu lernen und zu wachsen.

Erfahrungen können uns helfen, uns selbst besser kennenzulernen und unsere Fähigkeiten und Grenzen zu erkennen. Sie können uns auch helfen, uns mit anderen Menschen zu verbinden und Beziehungen aufzubauen.

Positive Erfahrungen können uns Glück und Freude bringen und unser Selbstvertrauen stärken. Negative Erfahrungen können jedoch auch eine wichtige Lektion sein und uns helfen, in Zukunft besser zu handeln.

Es ist wichtig zu beachten, dass jeder Mensch unterschiedliche Erfahrungen macht und dass keine Erfahrung universell gilt. Wir sollten uns bemühen, aus unseren eigenen Erfahrungen zu lernen, und gleichzeitig die Erfahrungen anderer Menschen respektieren und wertschätzen.

Erfahrungen sind eine wichtige Quelle der persönlichen Entwicklung und des Lernens. Sie können aus verschiedenen Situationen, Beziehungen oder Aktivitäten stammen und uns dabei helfen, unser Verständnis von uns selbst und der Welt, um uns herum zu erweitern.

Erfahrungen können positiv oder negativ sein. Positive Erfahrungen können uns Freude und Glück bringen und uns das Gefühl geben, dass wir erfolgreich sind oder etwas erreicht haben. Negative Erfahrungen hingegen können uns Schmerz und Traurigkeit bereiten und uns das Gefühl geben, dass wir versagt haben oder uns in einer schwierigen Situation befinden.

Egal, ob eine Erfahrung positiv oder negativ ist, es ist wichtig, aus ihr zu lernen und sich weiterzuentwickeln. Wenn wir uns auf unsere Erfahrungen konzentrieren und sie reflektieren, können wir unsere Perspektive erweitern und neue Einsichten gewinnen. Dies kann uns helfen, zukünftige Situationen besser zu bewältigen oder zu vermeiden, die uns in ähnliche schwierige Situationen führen können.

Erfahrungen sind auch ein wichtiger Bestandteil des zwischenmenschlichen Austauschs. Durch das Teilen von Erfahrungen können wir uns mit anderen Menschen verbinden und eine tiefere Ebene des Verständnisses und der Empathie erreichen. Wir können von den Erfahrungen anderer lernen und unsere eigenen Erfahrungen teilen, um anderen zu helfen, ähnliche Herausforderungen zu bewältigen.

Insgesamt sind Erfahrungen ein wichtiger Bestandteil unseres Lebens. Sie können uns helfen, zu wachsen und zu lernen, unsere Perspektiven zu erweitern und uns mit anderen zu verbinden. Wenn wir uns auf unsere Erfahrungen konzentrieren und aus ihnen lernen, können wir ein erfüllteres und glücklicheres Leben führen.

Erfahrungen sind die Erlebnisse und Eindrücke, die wir im Laufe unseres Lebens sammeln. Sie können positiv oder negativ sein und uns dabei helfen, zu wachsen, zu lernen und uns weiterzuentwickeln. Erfahrungen können auf unterschiedliche Weise gewonnen werden, zum Beispiel durch persönliche Begegnungen, Reisen, Arbeit oder Bildung. Jede Erfahrung bietet uns die Möglichkeit, unser Wissen zu erweitern und unsere Perspektive zu erweitern. Positiven Erfahrungen können uns Freude und Glück bringen und uns ein Gefühl von Stärke und Selbstvertrauen geben. Negative Erfahrungen können schmerzhaft sein und uns herausfordern, aber sie können uns auch lehren, resilienter und widerstandsfähiger zu werden. Erfahrungen können uns auch dabei helfen, unsere eigenen Werte, Vorlieben und Ziele zu definieren und zu verfeinern. Wenn wir etwas Neues ausprobieren oder eine Herausforderung meistern, können wir uns selbst besser kennenlernen und unsere Identität formen. Es ist wichtig, dass wir unsere Erfahrungen reflektieren und aus ihnen lernen. Wir sollten uns fragen, was wir aus unseren Erfahrungen gelernt haben und wie wir sie in Zukunft nutzen können, um uns weiterzuentwickeln und unser Leben zu verbessern.

Glück

Glück ist ein Begriff, der oft mit einem positiven Gefühl von Zufriedenheit, Freude und Erfüllung verbunden wird. Es ist ein Zustand, den die meisten Menschen anstreben und nach dem sie streben, denn es gibt ein Gefühl von Erfüllung und Sinn im Leben. Glück ist jedoch ein sehr subjektives Konzept und bedeutet für jeden Menschen etwas anderes. Für manche Menschen ist Glück mit materiellem Wohlstand verbunden, während andere es mit Beziehungen, Freundschaften oder spiritueller Erfüllung assoziieren.

Glück ist nicht nur ein Ergebnis von äußeren Umständen, sondern auch von inneren Einstellungen und Denkweisen. Menschen, die optimistisch und positiv denken, haben oft eine höhere Wahrscheinlichkeit, glücklich zu sein, selbst in schwierigen Situationen. Das bedeutet nicht, dass sie immer glücklich sind, aber sie haben eine innere Stärke, die ihnen hilft, Herausforderungen und Rückschläge zu überwinden und sich auf die positiven Aspekte ihres Lebens zu konzentrieren.

Es gibt auch viele Strategien und Praktiken, die Menschen verwenden können, um ihr Glücksniveau zu erhöhen. Einige dieser Strategien umfassen:

Dankbarkeit: Das Aufschreiben oder Betonen von Dingen, für die man dankbar ist, kann dazu beitragen, das Glücksgefühl zu steigern.

•Achtsamkeit: Das Praktizieren von Achtsamkeit kann helfen, den Geist zu beruhigen und den Fokus auf das Hier und Jetzt zu legen, was dazu beitragen kann, das Glücksgefühl zu steigern.

•Soziale Interaktion: Die Verbindung mit anderen Menschen, sei es durch Freundschaften, Familienbeziehungen oder romantische Beziehungen, kann dazu beitragen, das Glücksniveau zu steigern.

•Selbstfürsorge: Das Kümmern um sich selbst, sei es durch körperliche Aktivität, gesunde Ernährung, ausreichenden Schlaf oder das Praktizieren von Hobbys, kann dazu beitragen, das Glücksniveau zu steigern.

Es ist wichtig, zu betonen, dass Glück kein dauerhafter Zustand ist und dass es im Leben immer Herausforderungen und Rückschläge geben wird. Es geht darum, die innere Stärke und die Fähigkeit zu entwickeln, diese Herausforderungen zu überwinden und weiterhin ein sinnerfülltes Leben zu führen. Glück ist kein Ziel, sondern ein Prozess, der durch kontinuierliche Arbeit an der eigenen Einstellung und Lebensweise erreicht werden kann.

Glück im Leben ist ein sehr interessantes Thema. Die Psychologie des Glücks hat 11 Wege gefunden, die dein Leben glücklicher machen können. Glück und Glücklichsein bedeuten für jeden etwas anderes. Oft sind es die kleinen Dinge im Leben, die uns glücklich machen – eine kleine Aufmerksamkeit, eine liebe Karte oder die Lieblingsmusik zaubern uns ein Lächeln aufs Gesicht. Gute soziale Beziehungen, die das Gefühl von Verbindung und Zugehörigkeit vermitteln, sind der wichtigste Faktor für ein glückliches Leben.

Loslassen

Loslassen von unnützlichen Dingen, kann schwierig sein, insbesondere wenn wir emotionale Bindungen oder Erinnerungen, an diese Dinge haben. Hier sind einige Strategien, die dabei helfen können, diesen Prozess zu erleichtern:

1. Machen Sie sich bewusst, dass es in Ordnung ist, loszulassen: Es ist wichtig, sich daran zu erinnern, dass das Loslassen von unnützlichen Dingen in Ordnung und sogar notwendig ist, um Platz für Neues und besseres zu schaffen.

2. Betrachten Sie Dinge objektiv: Überlegen Sie, ob Sie jedes Stück tatsächlich benötigen oder ob Sie es nur aus Gewohnheit oder nostalgischen Gründen aufbewahren.

3. Stellen Sie sich die Frage, ob Sie Platz schaffen möchten: Wenn Sie einen überfüllten Schrank oder Raum haben, kann das loslassen von unnützlichen Dingen dazu beitragen, den Raum zu öffnen, und Sie fühlen sich befreit.

4. Überlegen Sie, ob Sie es jemandem schenken oder verkaufen möchten: Die Dinge, die Sie nicht mehr wollen, können möglicherweise jemanden anderen wirklich helfen.

5. Arbeiten Sie in kleinen Schritten: Beginnen Sie mit dem Loslassen eines oder zweier Gegenstände über einen bestimmten Zeitraum. Wenn Sie mit kleinen Schritten anfangen, ist es einfacher, sich daran zu gewöhnen und loszulassen.

6. Vermeiden Sie die Versuchung, Dinge zu behalten, um sie »irgendwann« zu benutzen: Seien Sie ehrlich zu sich selbst und überlegen Sie, ob Sie es wirklich jemals benutzen werden. Wenn nicht, wird es besser sein, Platz zu schaffen und es loszulassen.

Loslassen kann befreiend sein, und mit der Zeit werden wir uns oft leichter fühlen, wenn wir uns von unnötigen Dingen befreien.

Loslassen ist ein wichtiger Aspekt des Lebens. Es kann uns helfen, über uns selbst hinauszuwachsen und unser volles Potenzial zu entfalten. Loslassen bedeutet, Vertrauen zu fassen in sich selbst, das Leben und den Lauf der Dinge und sich ihm hingeben. Es heißt, den höheren Sinn oder die Botschaft in allem zu erkennen, was einem im Leben begegnet und zu begreifen, dass nichts ohne Grund geschieht.

Loslassen bedeutet auch, die Verantwortung zu übernehmen. Es heißt, zu erkennen, dass man selbst sein Leid und seine Probleme verursacht. Die Schuld nicht mehr auf andere Menschen, die Umstände, die Vergangenheit oder das Schicksal zu schieben, sondern zu erkennen, dass man selbst in jedem Moment darüber entscheiden kann, ob man glücklich ist oder nicht.

Loslassen bedeutet auch, deiner Intuition zu vertrauen. Es heißt nicht, gar nicht zu handeln, aber es bedeutet, nicht berechnend und vom rationalen Verstand gelenkt zu agieren. Es bedeutet, spontan, aus dem Bauch heraus, im Hier und Jetzt zu reagieren und so wahrhaft loszulassen und nicht in die Falle zu tappen, unter dem Wappen des Loslassens weiter festzuhalten.

Loslassen bedeutet auch akzeptieren, annehmen und zulassen, was ist. Es geht darum, seine Energie nicht auf die Vermeidung von etwas zu lenken und das Problem damit nur noch wachsen zu lassen, sondern um "die Hände frei zu haben" für die Lösung der Ursache.

Loslassen bedeutet auch, sich unabhängig von Ereignissen in der Zukunft oder Vergangenheit zu machen und das Leben im Hier und Jetzt zu leben. Es heißt, deine geistige Präsenz nicht hoffnungsvoll auf die Zukunft zu richten, weil du dir dort dein Glück versprichst und auch nicht ängstlich dorthin zu blicken, weil du dort ein Unheil siehst und dich genauso wenig abhängig von deiner Vergangenheit zu machen. Es bedeutet, dich vollkommen auf die Gegenwart zu konzentrieren und jetzt glücklich zu sein.

Motivation

Motivation: Alles was wir Tun, entsteht aus Liebe oder Angst.

Motivation ist ein psychologisches Konzept, das sich auf die Antriebskraft bezieht, die Menschen dazu bringt, bestimmte Handlungen auszuführen oder bestimmte Ziele zu verfolgen. Es kann sowohl intrinsische als auch extrinsische Motivation geben.

Intrinsische Motivation bezieht sich auf den inneren Antrieb, der aus der Freude an der Aktivität selbst oder aus dem Gefühl der Erfüllung kommt, das mit dem Erreichen eines Ziels verbunden ist. Beispiele für intrinsische Motivation sind das Lernen eines neuen Hobbys oder die Erreichung eines persönlichen Zieles.

Extrinsische Motivation hingegen bezieht sich auf den Antrieb, der von äußeren Faktoren wie Belohnungen oder Strafen kommt. Beispiele für extrinsische Motivation sind der Wunsch nach Anerkennung durch andere oder das Vermeiden von Bestrafung.

Motivation kann auch durch verschiedene Faktoren beeinflusst werden, wie zum Beispiel durch die Umgebung, persönliche Ziele oder Erwartungen, die an eine Person gestellt werden. Es gibt auch verschiedene Theorien der Motivation, wie die Maslowsche Bedürfnispyramide oder die Selbstbestimmungstheorie, die versuchen, die verschiedenen Faktoren zu erklären, die die Motivation beeinflussen.

Eine ausreichende Motivation kann für das Erreichen von Zielen und Erfolg in verschiedenen Bereichen des Lebens von entscheidender Bedeutung sein, wie zum Beispiel in der Arbeit, in der Schule oder im Sport.

Motivation bezieht sich auf die Gründe, die eine Person dazu bringen, eine bestimmte Handlung auszuführen oder ein Ziel zu erreichen. Es ist eine treibende Kraft, die unser Verhalten und unsere Entscheidungen beeinflusst. Die Motivation kann von vielen verschiedenen Faktoren abhängen, wie z.B. von persönlichen Interessen, intrinsischer Motivation, extrinsischen Belohnungen, sozialem Druck oder äußeren Umständen.

Es gibt verschiedene Theorien der Motivation, die versuchen, zu erklären, wie und warum Menschen motiviert werden. Eine der bekanntesten Theorien ist die Hierarchie der Bedürfnisse von Abraham Maslow. Diese Theorie besagt, dass Menschen bestimmte Bedürfnisse haben, die sie motivieren, wie z. B. physische Bedürfnisse, Sicherheitsbedürfnisse, soziale Bedürfnisse, Selbstachtung und Selbstverwirklichung.

Eine andere Theorie der Motivation ist die Selbstbestimmungstheorie von Deci und Ryan. Diese Theorie betont, dass Menschen am motiviertesten sind, wenn sie das Gefühl haben, dass ihre Handlungen und Entscheidungen selbstbestimmt und autonom sind. Intrinsische Motivation, die von innen kommt, wird als am effektivsten angesehen, um langfristiges Engagement und Erfolg zu erreichen.

Die Motivation spielt eine wichtige Rolle in verschiedenen Bereichen des Lebens, einschließlich Arbeit, Bildung, Sport und persönlicher Entwicklung. Es ist wichtig, die Motivation zu verstehen, um die beste Strategie zu entwickeln, um Ziele zu erreichen und langfristig erfolgreich zu sein.

Sterben gehört zum Leben dazu?

Ja, Sterben ist ein natürlicher Bestandteil des Lebenszyklus. Jeder lebende Organismus in der Natur, sei es Pflanze, Tier, oder Mensch, wird eines Tages sterben. Es ist eine unvermeidliche Tatsache des menschlichen Lebens, dass alles, was geboren wird, eines Tages enden wird. Diese Realität kann traurig und beängstigen sein, aber gleichzeitig kann sie auch helfen, uns daran zu erinnern, wertvolle Zeit mit unseren Lieben zu verbringen und unser Leben in vollen Zügen zu genießen. Sterben kann auch eine Erfahrung der Freiheit sein, wenn man bereit ist, loszulassen und den natürlichen Rhythmen des Lebens zu folgen.

Ist es verwerflich, sich selbst zu töten?

Aus der Sicht von mir, einen gläubigen Christ bestimmt.

Ja, es ist verwerflich, sich selbst zu töten. Es gibt viele verschiedene Gründe, warum Menschen Selbstmordgedanken haben können, wie zum Beispiel Depressionen oder andere psychischen Erkrankungen, schwere Erkrankungen, Traumata oder persönliche Krisen. Es ist jedoch wichtig, zu wissen, dass Selbstmord keine Lösung ist und dass es oft Möglichkeiten gibt, Ihre Situation zu verbessern oder Hilfe zu finden.

Es ist wichtig, dass jeder, der Suizidgedanken hat, die nötige Unterstützung und Hilfe erhält, um Ihre Probleme zu lösen und gesund zu bleiben. Es gibt viele professionelle Ressourcen, wie Therapeuten und Hotlines, die Ihnen dabei helfen können. Es ist immer wichtig, dass Sie Ihre Freunde und Familie um Unterstützung bitten und mit ihnen über Gefühle sprechen.

Wie kann ich trotz Suizidgedanken, ein erfülltes Leben beschreiten?

Es ist wichtig, sich bewusst zu machen, dass jeder das Potenzial hat, unabhängig von den Herausforderungen, die das Leben mit sich bringt. Hier sind einige Möglichkeiten, um trotz Suizidgedanken, ein erfülltes Leben zu beschreiten.

1. Suchen Sie professionelle Hilfe: Psychologen, Therapeuten oder Berater können Ihnen dabei helfen, mit Ihren Suizidgedanken umzugehen und spezifische Techniken zur Bewältigung von Selbstmordgedanken zu erlernen.

2. Bleiben Sie aktiv: Regelmäßige Bewegung kann dazu beitragen, Stress und Angst abzubauen und Ihnen ein Gefühl der Begeisterung und Freude zu geben.

3. Suchen Sie nach sozialen Unterstützung: Wenden Sie sich an Freunde und Familie, und suchen Sie nach Gemeinschaften oder Gruppen, in denen Sie sich sicher und verstanden fühlen.

4. Machen Sie positive Veränderungen in Ihrem Leben: Dies könnten Umstellungen in Ihrer Arbeit, Ihrem Leben oder Ihrer Umgebung sein.

5. Stellen Sie sich Herausforderungen: Suchen Sie nach Möglichkeiten, Ihre Fähigkeiten oder Interessen zu verbessern und sich neuen Herausforderungen zu stellen.

6. Praktizieren Sie Selbstfürsorge: Tun Sie regelmäßig Dinge, die Ihnen Freude bereiten und sorgen Sie dafür, dass Sie genug Schlaf erhalten.

Es ist wichtig, zu wissen, dass es immer Wege gibt, um Hilfe zu finden und das Leben auf eine positive Weise zu gestalten.

Weisheit erlangen?

Weisheit ist ein sehr breiter Begriff und hat viele verschiedene Definitionen. Im Allgemeinen wird Weisheit jedoch als Fähigkeit definiert, durch Erfahrung und Reflexion Verständnis, Wissen und Einsicht zu erlangen, um herausfordernde und komplexe Situationen effektiv zu bewältigen und Entscheidungen zu treffen, die langfristige Vorteile bringen. Es gibt viele Wege zur Weisheit hier 5 davon:

1. Lebenserfahrung: Viele Menschen glauben, dass ein reichhaltiges Leben mit vielen Erfahrungen und Herausforderungen dazu beitragen kann, Weisheit zu gewinnen. Durch diese Erfahrungen lernen wir, wie das Leben funktioniert und wie wir damit umgehen können.

2. Reflexion: Regelmäßige Reflexion und Selbstbeobachtung sind auch Wege, um Weisheit zu erlangen. Dabei geht es darum, Ihre Vergangenheit, Ihre Glaubenssysteme, Ihre Motivationen einzuschätzen und daraus Rückschlüsse für die Zukunft zu ziehen.

3. Einfühlungsvermögen:

Weisheit erfordert auch ein starkes Einfühlungsvermögen und Fähigkeit, aus der Perspektive anderer zu denken und zuzuhören. Indem wir die Perspektiven und Bedürfnisse anderer verstehen, können wir fundiertere Entscheidungen treffen und besser mit Konflikten umgehen.

4. Verbindung mit der Natur:

Viele heilige Texte und traditionelle Weisheitsquellen betonen die Bedeutung der Verbindung mit der Natur und der Schöpfung. Meditieren Sie in der Natur, um Verbundenheit mit der Welt um Sie herum zu stärken und um zu einem Gefühl der inneren Ruhe und Frieden zu kommen.

5. Lernen von Weisen: Um Weisheit zu erlangen, kann es auch hilfreich sein, von Weisen und Experten in verschiedenen Bereichen zu lernen. Bücher, Videos und Seminare können eine wertvolle Quelle der Inspiration und Lernen sein. Es ist wichtig, zu betonen, dass Weisheit und das Erlangen von Weisheit, ein lebenslanger Prozess ist, der ständige Arbeit erfordert.

Lebensweisheiten sind kurze Regeln, Zitate und Sprüche, die Weisheit auf den Punkt bringen. Sie können von berühmten Persönlichkeiten oder weniger bekannten Personen stammen oder sich im Laufe der Zeit als Volksweisheit etabliert haben. Lebensweisheiten können dein Leben einfacher machen, wenn du sie berücksichtigst, weil du etwas hast, woran du dich festhalten kannst.

Hier sind einige Beispiele für Lebensweisheiten:

"Man sieht nur mit dem Herzen gut. Das Wesentliche ist für die Augen unsichtbar." (Antoine de Saint-Exupéry) 1
   "Beurteile einen Tag nicht nach den Früchten, die du geerntet hast, sondern an den Samen, die du gesät hast." (Robert Louis Stevenson).

"Sei du die Veränderung, die du in der Welt sehen möchtest." (Mahatma Gandhi).

"Behandele andere so, wie du selbst behandelt werden möchtest." Oder: "Was du nicht willst, dass man dir tu, das füg auch keinem andern zu." Auch bekannt unter dem Namen "Die goldene Regel."

Warum sind wir Neidisch?

Es gibt viele Gründe, warum Menschen, neidisch sein können. Hier sind einige der Häufigsten:

1. Vergleich mit anderen: Neid trifft oft auf, wenn wir uns mit anderen vergleichen und das Gefühl haben, dass wir nicht genug haben, im Vergleich zu anderen.

2. Mangelndes Selbstvertrauen: Manchmal führen Wahrnehmungen von Minderwertigkeit, Selbstzweifeln oder Unsicherheit dazu, dass man neidisch auf andere wird, die scheinbar selbstbewusster oder erfolgreicher sind.

3. Unzufriedenheit mit dem eigenen Leben: Wenn jemand unzufrieden mit seinem Leben ist, kann dies dazu führen, dass er neidisch auf andere wird, die scheinbar ein besseres Leben oder Glück haben.

4. Wunsch nach Anerkennung: In manchen Fällen kann Neid entstehen, wenn jemand nach Anerkennung strebt und sich wertgeschätzt fühlen möchte, aber das Gefühl hat, dass dies durch fremde Erfolge oder Eigenschaften untergraben wird.

5. Angst vor Verlust: Wenn jemand etwas hat oder erreicht, das für einen anderen von hohem Wert ist, kann dies die Angst vor Verlust auslösen und Neid hervorrufen.

Es ist wichtig, zu betonen, dass Neid manchmal natürliche menschliche Gefühle sind. Wenn jedoch der Neid zu einem ständigen Begleiter wird und einem das Leben vergiftet, sollte man sich an einen Therapeuten wenden oder sich andere Unterstützung suchen.

Neidisch zu sein bedeutet, dass man negative Emotionen empfindet, weil man Mängel in seinem Leben wahrnimmt. Menschen, die neidisch sind, sind oft unzufrieden mit sich selbst und befinden sich in einer unangenehmen Lage. Es ist ein Gefühl, das tief in uns verankert ist und aus evolutionsbiologischer Sicht sogar nützlich sein kann. Es gibt jedoch auch Möglichkeiten, achtsam mit Neid umzugehen und ihn zu überwinden.

Es gibt einige Schritte, die du unternehmen kannst, um achtsam mit Neid umzugehen. Ein wichtiger Schritt ist, das Gefühl nicht zu unterdrücken, sondern es wahrzunehmen und zu analysieren. Frage dich nach der Ursache deines Neids. Ein weiterer Schritt ist, Missgunst in positiven Neid umzuwandeln. Es ist auch wichtig, das Gefühl des Neids anzuerkennen und sich nicht dafür zu verurteilen.

In der Psychologie werden zwei Ausprägungen von Neid unterschieden: konstruktiver Neid und destruktiver Neid (auch Missgunst genannt). Konstruktiver Neid ist der Wunsch der neidenden Person, selbst als gleichwertig empfundene Güter zu erlangen, um die die beneidete Person beneidet wird. Dieser Neid kann als ein Aufruf zum Handeln wirken, indem er die Motivation anregt, sich an die Arbeit zu machen und unsere Ziele zu erreichen. Destruktiver Neid hingegen ist der Wunsch, dass die beneidete Person die Güter, um die sie beneidet wird, verliert.

Um Missgunst in positiven Neid umzuwandeln, ist es wichtig, das eigene Selbstwertgefühl zu stärken. Ein wichtiger Schritt ist, das Gefühl nicht zu unterdrücken, sondern es wahrzunehmen und zu analysieren. Frage dich nach der Ursache deines Neids. Es ist auch wichtig, das Gefühl des Neids anzuerkennen und sich nicht dafür zu verurteilen. Versuche, dich mit anderen zu vergleichen, aber nicht als besser oder schlechter zu bewerten, sondern einfach als anders. Trotzdem solltest du dir deines eigenen Wertes bewusst bleiben und dir vor Augen führen, dass du einzigartig bist.

Vergleiche mit Anderen

Vergleiche mit anderen könnte sich auf verschiedene Aspekte konzentrieren. Einer davon ist die Frage, warum wir uns mit anderen Menschen vergleichen. Ein Grund dafür ist, dass es uns Informationen darüber gibt, wer wir sind und wo wir in unserem sozialen Umfeld stehen. Es hilft uns auch dabei, unsere körperlichen Fähigkeiten einzuschätzen und von anderen zu lernen.

Es gibt verschiedene Arten von Vergleichen: aufwärts (mit Menschen, die besser sind), abwärts (mit Menschen, die schlechter sind) oder auf einer Ebene (mit Menschen, die gleichgestellt sind). Social Media kann unsere Vergleiche beeinflussen, indem es uns eine optimierte und perfekt inszenierte Welt präsentiert. Der Vergleich der eigenen Person und Lebenswelt mit den optimierten und teilweise geschönten Selbstdarstellungen anderer Nutzer kann das Selbstwertgefühl stark beeinträchtigen und zu Niedergeschlagenheit und gedrückter Stimmung führen.

Eine Studie der Universität Montreal beobachtete rund 4000 Teenager über vier Jahre hinweg. Das Ergebnis: Je mehr Zeit die Probanden mit sozialen Medien verbrachten, umso stärkere depressive Symptome entwickelten sie. Die ungünstigen Effekte intensiver Social-Media-Nutzung scheinen eher durch soziale Vergleiche mit bessergestellten Personen getriggert zu werden.

Es war einmal ein Junge namens Max. Er lebte in einer kleinen Stadt und ging zur Schule. Max war ein guter Schüler und hatte viele Freunde. Aber manchmal fühlte er sich unsicher und verglich sich mit anderen.

Eines Tages sah er, wie ein Mitschüler eine Auszeichnung für seine Leistungen erhielt. Max fühlte sich traurig und dachte, dass er nicht gut genug war.

Aber dann erinnerte er sich an die Worte seiner Mutter: "Vergleiche dich nicht mit anderen, Max. Jeder hat seine eigenen Stärken und Schwächen. Konzentriere dich auf das, was du gut kannst, und arbeite an dem, was du verbessern möchtest."

Max dachte darüber nach und beschloss, sich auf seine eigenen Fähigkeiten zu konzentrieren. Er arbeitete hart und verbesserte sich in vielen Bereichen. Bald erhielt auch er eine Auszeichnung für seine Leistungen.

Max lernte, dass es wichtig ist, sich selbst zu akzeptieren und nicht ständig mit anderen zu vergleichen. Er wurde glücklicher und selbstbewusster.

Und so endet die Geschichte von Max – aber wer weiß, welche Lektionen er noch lernen wird?

Noch eine kleine Geschichte:
Natürlich! Hier ist eine kurze Geschichte für dich:

Es war einmal ein kleiner Vogel namens Piep.

Er lebte in einem großen Baum im Wald. Eines Tages beschloss er, die Welt zu erkunden. Er flog über Berge und Täler und sah viele wunderbare Dinge.

Aber manchmal fühlte sich Piep einsam. Er sah andere Vögel in Schwärmen fliegen und wünschte sich, auch Teil einer Gruppe zu sein.

Eines Tages traf er einen weisen alten Vogel. "Warum bist du traurig?" Fragte der alte Vogel. Piep erzählte ihm von seinem Wunsch, Teil einer Gruppe zu sein. Der alte Vogel lächelte. "Du bist einzigartig, Piep", sagte er. "Du musst nicht wie die anderen Vögel sein. Fliege deinen eigenen Weg und du wirst Freunde finden, die dich so schätzen, wie du bist."

Piep dachte darüber nach und beschloss, dem Rat des alten Vogels zu folgen. Er flog weiter und erlebte viele Abenteuer. Unterwegs traf er andere Vögel und schloss Freundschaften.

Sich mit anderen Menschen zu vergleichen erfüllt wichtige Funktionen. Es gibt uns Informationen darüber, wer wir sind und wo wir in unserem sozialen Umfeld stehen. Es hilft uns auch, unsere körperlichen Fähigkeiten einzuschätzen und von anderen zu lernen. Es gibt verschiedene Arten, sich mit anderen zu vergleichen: aufwärts, abwärts oder auf einer Ebene. Die Theorie des sozialen Vergleichs besagt, dass Menschen Informationen über das eigene Selbst durch den Vergleich mit anderen gewinnen können.

Grundsätzlich können wir uns aufwärts, abwärts oder auf einer Ebene vergleichen, also mit Menschen, die besser, schlechter oder gleichgestellt sind. Außerdem spielt es eine Rolle, aus welchem Motiv heraus dies geschieht und ob wir uns der Vergleichsperson annähern oder uns von ihr abgrenzen wollen.

Ein Aufwärts-Vergleich findet statt, wenn wir uns mit jemandem vergleichen, der in einer bestimmten Sache besser ist als wir. Dies kann motivierend sein und uns dazu anregen, uns zu verbessern. Indem wir uns mit Menschen vergleichen, die in einer bestimmten Sache etwas besser sind, können wir von ihnen lernen. Ein Vorteil des Aufwärts-Vergleichs ist, dass er uns motivieren kann, uns zu verbessern. Indem wir uns mit Menschen vergleichen, die in einer bestimmten Sache etwas besser sind als wir, können wir von ihnen lernen und uns inspirieren lassen. Dies kann dazu beitragen, dass wir uns weiterentwickeln und unsere Fähigkeiten verbessern.

Ein Nachteil des Aufwärts-Vergleichs ist, dass er manchmal zu negativen Gefühlen wie Neid oder Minderwertigkeitsgefühlen führen kann. Wenn wir uns ständig mit Menschen vergleichen, die besser sind als wir, kann dies dazu führen, dass wir uns schlecht fühlen und unser Selbstbewusstsein leidet. Es ist wichtig, sich daran zu erinnern, dass jeder Mensch seine Stärken und Schwächen hat und dass es normal ist, dass es Menschen gibt, die in bestimmten Dingen besser sind als wir. Es ist wichtig, sich auf unsere eigenen Fortschritte und Erfolge zu konzentrieren und uns nicht ständig mit anderen zu vergleichen.

Um den Aufwärts-Vergleich zu nutzen, um dich zu verbessern, kannst du folgende Schritte befolgen:

Wähle eine Person aus, die in einer bestimmten Sache besser ist als du und die du bewunderst.

Analysiere, was diese Person tut, um erfolgreich zu sein. Welche Fähigkeiten hat sie? Welche Gewohnheiten hat sie?

Überlege dir, wie du diese Fähigkeiten und Gewohnheiten in dein eigenes Leben integrieren kannst.

Setze dir realistische Ziele und arbeite daran, diese zu erreichen.

Es ist wichtig, sich daran zu erinnern, dass jeder Mensch einzigartig ist und dass es normal ist, dass es Menschen gibt, die in bestimmten Dingen besser sind als wir. Konzentriere dich auf deine eigenen Fortschritte und Erfolge und nutze den Aufwärts-Vergleich als Inspiration und Motivation.

Ja, der Aufwärts-Vergleich kann auch schädlich sein. Wenn wir uns ständig mit Menschen vergleichen, die besser sind als wir, kann dies dazu führen, dass wir uns schlecht fühlen und unser Selbstbewusstsein leidet. Es kann auch dazu führen, dass wir unrealistische Erwartungen an uns selbst haben und uns unter Druck setzen, um mit anderen mithalten zu können.

Es ist wichtig, sich daran zu erinnern, dass jeder Mensch seine Stärken und Schwächen hat und dass es normal ist, dass es Menschen gibt, die in bestimmten Dingen besser sind als wir. Es ist wichtig, sich auf unsere eigenen Fortschritte und Erfolge zu konzentrieren und uns nicht ständig mit anderen zu vergleichen. Um zu vermeiden, dass der Aufwärts-Vergleich zu negativen Gefühlen führt, kannst du folgende Schritte befolgen:

Konzentriere dich auf deine eigenen Fortschritte und Erfolge. Vergleiche dich nicht ständig mit anderen, sondern feiere deine eigenen Erfolge und erkenne deine Stärken an.
 Setze dir realistische Ziele. Es ist wichtig, dass du dir Ziele setzt, die du erreichen kannst. Wenn du dir unrealistische Ziele setzt, kann dies dazu führen, dass du dich schlecht fühlst, wenn du sie nicht erreichst.
 Sei dankbar für das, was du hast. Konzentriere dich auf die positiven Dinge in deinem Leben und sei dankbar für das, was du hast. Dies kann dazu beitragen, dass du dich besser fühlst und weniger geneigt bist, dich mit anderen zu vergleichen.

Erkenne an, dass jeder Mensch einzigartig ist. Jeder Mensch hat seine Stärken und Schwächen und es ist normal, dass es Menschen gibt, die in bestimmten Dingen besser sind als wir. Konzentriere dich auf deine eigenen Stärken und arbeite daran, diese zu verbessern.

Das Ego

Das Bedürfnis, etwas Besonderes sein zu wollen, ist eines der psychologischen Grundbedürfnisse des Menschen. Wir möchten uns von der Masse abheben und durch unser besonderes Aussehen oder unsere besondere Art auffallen. Die Wege und Mittel, sich besonders zu fühlen, sind von Person zu Person verschieden.

Es ist wichtig zu beachten, dass nicht alle Strategien zur Erfüllung dieses Bedürfnisses förderlich für die einzelne Person sein können. Es ist wichtig, sich bewusst zu machen, wie man aktuell sein Bedürfnis stillt und ob es förderlich oder nicht förderlich für einen selbst ist.

Es gibt einige Schritte, die du unternehmen kannst, um dein Bedürfnis zu stillen. Ein wichtiger Schritt ist es, dir zuzuhören und Stille in dein Leben zu bringen. Du kannst auch deine Bedürfnisse wahrnehmen und sie dir notieren. Es ist wichtig, dass du für dich und deine Bedürfnisse einstehst und anfängst, sie zu erfüllen.

Es gibt auch verschiedene Methoden und Konzepte, die dir helfen können, deine Bedürfnisse besser kennenzulernen und sie so zu erfüllen, dass es dir möglichst gut geht.

Das Ego ist ein wichtiger Teil der menschlichen Psyche. Es ist dafür verantwortlich, dass wir uns in der Gruppe gut dastehen und uns sicher fühlen. Das Ego ist ständig auf der

Suche nach Liebe und Anerkennung und möchte dazugehören. Es gibt an, wird wütend, leidet oder jammert, um Aufmerksamkeit zu erhaschen und seinen Mangel an gefühlter Liebe aufzufüllen.

Sigmund Freud, auch bekannt als Sigismund Schlomo Freud, war ein österreichischer Arzt und Psychologe, der am 6. Mai 1856 geboren wurde. Er gilt als Begründer der Psychoanalyse und Traumdeutung. Freud erkannte, dass im Inneren des Menschen etwas Unbewusstes existiert, das sein Handeln lenkt. Diesen unbewussten Bereich erforschte Freud, indem er spontane Äußerungen oder Träume seiner Patienten analysierte. Er nahm sie als verschlüsselte Hinweise auf das Unbewusste wahr. In seinem berühmten Instanzenmodell erklärte Freud, dass das Unbewusste der menschlichen Psyche in drei Bereiche aufgeteilt werden kann: das Es, das Ich und das Über-Ich. Diese drei Bereiche stehen in einem ständigen Konflikt zueinander. Sigmund Freud, ein österreichischer Arzt und Psychologe, gilt als Begründer der Psychoanalyse und Traumdeutung. In seinem berühmten Instanzenmodell erklärte er, dass das Unbewusste der menschlichen Psyche in drei Bereiche aufgeteilt werden kann: das Es, das Ich und das Über-Ich. Das Ego ist ein Teil der menschlichen Psyche, der dafür verantwortlich ist, dass wir uns in der Gruppe gut dastehen und uns sicher fühlen. Es ist ständig auf der Suche nach Liebe und Anerkennung und möchte dazugehören. Um Aufmerksamkeit zu erhaschen und seinen Mangel an gefühlter

Liebe aufzufüllen, gibt es an, wird wütend, leidet oder jammert. Das Ego glaubt, dass es für das Überleben des Menschen maßgeblich verantwortlich ist und spielt sich als Chef auf. Es zwingt uns ständig zur Selbstdarstellung. Für unser Ego ist es lebenswichtig, dass die anderen – egal ob Freunde oder Fremde – das Beste von uns denken. Das Ego trägt immer die Furcht in sich, dass es nicht gut genug ist und nicht liebenswert. Es glaubt, dass es die Liebe im AUSSEN bei den anderen finden wird. Das ist eine Illusion. Wenn wir allerdings unsere Aufmerksamkeit nach INNEN richten werden wir dort kein Ego finden, sondern unseren eigenen göttlichen Kern (das, was manche Seele nennen). Dieses Zentrum in uns (angesiedelt im Herz Raum) erhält ständig einen Strom bedingungsloser Liebe aus dem Herzen der Schöpfung.

Sieben Jahre

Es gibt eine Theorie, dass sich das Leben alle sieben Jahre ändert. Diese Theorie besagt, dass wir in unserem Leben bestimmten Rhythmen unterliegen, die unser Leben bestimmen 1. Die Zahl Sieben hat die Menschen schon immer fasziniert und der Philosoph Philon von Alexandria hat kurz nach Christi Geburt das Leben generell betrachtet und es auf der Suche nach einem Muster in Jahrsiebte eingeteilt.

Hier ist ein kurzes Referat über diese Theorie:

Die 7-Jahres-Zyklen des Lebens

Alle sieben Jahre erkennen wir die Rhythmen des Lebens. Diese Rhythmen können uns helfen, die Fehler von früher nicht zu wiederholen 1. Die Zyklen sind wie folgt:

0-7 Jahre: Geborgenheit unser erstes Bezugsfeld ist die Familie, in der wir Geborgenheit erfahren. Im Idealfall entsteht das Urvertrauen, das uns stark macht fürs Leben. Mit dem Zahnwechsel um das 7. Lebensjahr ist die Grundform des Körpers ausgebildet.
 7-14 Jahre: Ablösung in dieser Phase beginnen wir uns von unserer Familie abzulösen und unsere eigene Identität zu entwickeln.

Diese Theorie besagt also, dass sich unser Leben alle sieben Jahre ändert und dass diese Veränderungen Teil eines größeren Zyklus sind.

Die Theorie des 7-Jahres-Zyklus hat viele historische Quellen. Sie beruht auf den Winkeln des Planeten Saturn und wird im Kundalini Yoga als der Zyklus des Bewusstseins bezeichnet 1. Die Theorie besagt, dass wichtige Übergänge im Leben sich alle 7 Jahre wiederholen, also im Alter von 7 Jahren, 14 Jahren, 21 Jahren, 28 Jahren, 35 Jahren und so weiter 1.

Die Zahl Sieben hat eine besondere Bedeutung in vielen Kulturen und Religionen. Sie steht für Veränderung und Wandel 2. Es gibt Menschen, die glauben fest daran, dass alle sieben Jahre eine deutliche Zäsur stattfindet, die dann den folgenden Lebensabschnitt bestimmt.

Ein Beispiel für diese Theorie ist die Entwicklung eines Kindes. In den ersten sieben Lebensjahren wachsen wir vom Baby zum Kind heran. Um das Alter von sieben Jahren herum verlieren wir unsere Milchzähne und treten in die nächste Phase ein.

Es gibt auch andere Interpretationen dieser Theorie. Einige glauben zum Beispiel an die Existenz von Chakren oder Energiezentren im menschlichen Körper und dass diese Zentren in einem Zyklus von etwa sieben Jahren beeinflusst werden.

Auszug:

Von DENISE PEIKERT

Menschlicher Körper verändert sich.
Nun beruht die Anthroposophie auf Annahmen und Beobachtungen und versteht sich vorsichtshalber nur als Anregung, selbst über das Leben nachzudenken. Mindestens als Geisteswissenschaft ist sie also immun gegen die Frage, ob es für die Erkenntnisse nun einen medizinischen Beweis gibt oder nicht. Steiner, der Erfinder des anthroposophischen Weltbildes, hat sich trotzdem weiter in die Wissenschaft vorgewagt: „Der Mensch", schrieb er, „stößt im Laufe von sieben bis acht Jahren seine sämtliche physische Materie ab und erneuert sie."

Zeit, sich mit der Arbeit des Zellbiologen Jonas Friesen zu beschäftigen. Frizen arbeitet am Karolinska-Institut in Stockholm, eine der angesehensten medizinischen Universitäten in Europa. Er hat, so sagt er das, ein bisschen „Amateur-Forschung" zu dem Sieben-Jahre-Mythos betrieben – will aber das, was er herausgefunden hat, nicht als Beweis dafür verstanden haben. Dennoch besagen seinen Forschungen: Der Mensch hat tatsächlich alle sieben bis zehn Jahre einen völlig neuen Körper – die Veränderungen finden nur unterschiedlich schnell statt.

Friesen errechnete Lebensdauer von Körperteilen.
Wie genau das abläuft, damit hat Frizen schon 2005 für Furore gesorgt. Er errechnete für verschiedene Teile im Körper die Zeit, die es braucht, bis sie sich einmal komplett ausgetauscht haben.

Es gehört zum menschlichen Dasein dazu, dass Körperzellen absterben und durch neue ersetzt werden. Bei einer heilenden Wunde an der Haut kann man diesen Vorgang gut beobachten.

Nach Friesens Forschung dauert es zwei bis vier Tage, bis das Oberflächen-Gewebe im Dünndarm vollständig ersetzt ist und acht, bis unsere Lungenbläschen wie neu sind. Eine Fettzelle lebt dagegen acht Jahre, und etwa alle zehn Jahre haben wir ein neues Skelett.

Die Theorie des 7-Jahres-Zyklus kann als eine Möglichkeit angesehen werden, das eigene Leben und seine Veränderungen besser zu verstehen. Indem man die verschiedenen Phasen des Lebens betrachtet und ihre Bedeutung erkennt, kann man sich besser auf Veränderungen vorbereiten und sie akzeptieren.

Ein Beispiel dafür ist die Entwicklung eines Kindes. In den ersten sieben Lebensjahren wachsen wir vom Baby zum Kind heran. Um das Alter von sieben Jahren herum verlieren wir unsere Milchzähne und treten in die nächste Phase ein.

Wenn man diese Veränderungen als Teil eines größeren Zyklus betrachtet, kann man sie besser verstehen und akzeptieren.

Es ist wichtig zu beachten, dass diese Theorie keine exakte Wissenschaft ist und dass jeder Mensch individuell ist. Es gibt keine festen Regeln dafür, wie man diese Theorie in seinem eigenen Leben anwenden sollte. Es geht darum, sich selbst besser kennenzulernen und seine eigene Entwicklung zu verstehen.

Chakren sind Energiezentren im menschlichen Körper, die für körperliches, mentales und energetisches Gleichgewicht sorgen 1. Der Begriff »Chakra stammt aus dem Sanskrit und bedeutet "Kreis" oder "Scheibe.«

Es gibt sieben Hauptchakren, die entlang der Wirbelsäule bzw. in der senkrechten Mittelachse des Körpers lokalisiert werden 2. Diese Chakren werden durch den angenommenen mittleren Energiekanal verbunden, den Sushumna-Nadi, durch den auch die Kundalini-Kraft aufsteigt.

Jedes Chakra wird durch eine eigene Lotusblume symbolisiert, die für Reinheit und Erleuchtung steht 3. Die sieben Hauptchakren sind (von unten nach oben): Muladhara (Wurzelchakra), Svadhisthana (Sakralchakra), Manipura (Solarplexuschakra), Anahata (Herzchakra), Vishuddha (Halschakra), Ajna (Stirnchakra) und Sahasrara (Kronenchakra).

Es gibt verschiedene Methoden zur Aktivierung und Reinigung der Chakren, wie zum Beispiel Meditation, Yoga oder Atemübungen. Durch die Aktivierung der Chakren kann man das körperliche, mentale und energetische Gleichgewicht verbessern.

Es gibt verschiedene Methoden zur Aktivierung der Chakren. Einige davon sind:

Meditation: Es gibt spezielle Meditationstechniken, die darauf abzielen, die Chakren zu aktivieren und auszugleichen.

Yoga: Viele Yoga-Übungen zielen darauf ab, die Chakren zu aktivieren und das körperliche, mentale und energetische Gleichgewicht zu verbessern.

Atemübungen: Bestimmte Atemübungen können dazu beitragen, die Chakren zu aktivieren und das körperliche und mentale Wohlbefinden zu verbessern.

Farbtherapie: Jedes Chakra wird mit einer bestimmten Farbe assoziiert. Durch das Tragen von Kleidung in diesen Farben oder durch das Visualisieren von Licht in diesen Farben während der Meditation kann man die Chakren aktivieren.

Es ist wichtig, dass man sich Zeit nimmt, um herauszufinden, welche Methode am besten für einen selbst funktioniert. Es kann auch hilfreich sein, sich von einem erfahrenen Lehrer oder Therapeuten beraten zu lassen.

Eine einfache Meditationstechnik zur Aktivierung der Chakren ist die sogenannte "Chakra-Meditation". Hier ist eine Anleitung:

Setze oder lege dich bequem hin und schließe deine Augen.

Atme tief ein und aus und entspanne deinen Körper.

Stelle dir vor, wie du von einem hellen Licht umgeben bist.

Konzentriere dich auf das erste Chakra, das Wurzelchakra am unteren Ende deiner Wirbelsäule. Stelle dir vor, wie dieses Chakra von einem roten Licht erfüllt wird.

Atme tief ein und aus und stelle dir vor, wie das rote Licht stärker wird.

Bewege deine Aufmerksamkeit zum nächsten Chakra, dem Sakralchakra unterhalb des Bauchnabels. Stelle dir vor, wie dieses Chakra von einem orangefarbenen Licht erfüllt wird.

Wiederhole diesen Vorgang für jedes der sieben Hauptchakren: Solarplexuschakra (gelb), Herzchakra (grün), Halschakra (blau), Stirnchakra (Indigo) und Kronenchakra (violett).

Wenn du alle sieben Chakren aktiviert hast, atme tief ein und aus und stelle dir vor, wie das helle Licht noch stärker wird.

Verweile für einige Minuten in diesem Zustand der Entspannung und Harmonie.

Diese Meditation kann dazu beitragen, die Chakren zu aktivieren und das körperliche, mentale und energetische Gleichgewicht zu verbessern.

Es gibt auch viele andere Meditationstechniken zur Aktivierung der Chakren.

Es ist wichtig, dass man sich Zeit nimmt, um herauszufinden, welche Methode am besten für einen selbst funktioniert.

Viele Yoga-Übungen können dazu beitragen, die Chakren zu aktivieren und das körperliche, mentale und energetische Gleichgewicht zu verbessern. Hier sind einige Beispiele für Yoga-Übungen, die gut für die Aktivierung der Chakren sind:

Muladhara (Wurzelchakra): Berghaltung (Tadasana), Vorwärtsbeuge (Uttanasana), Krieger II (Virabhadrasana II)

Svadhisthana (Sakralchakra): Dreieckshaltung (Trikonasana), Schmetterling (Baddha Konasana), Kobra (Bhujangasana)

Manipura (Solarplexuschakra): Bootshaltung (Navasana), Drehhaltung (Ardha Matsyendrasana), Brettstellung (Phalakasana)

Anahata (Herzchakra): Kamelhaltung (Ustrasana), Kuhgesichtshaltung (Gomukhasana), Fischhaltung (Matsyasana)

Vishuddha (Halschakra): Schulterstand (Sarvangasana), Löwenhaltung (Simhasana), Pflughaltung(Halasana)

Ajna(Stirnchakra): Kindeshaltung(Balasana) , Adlerhaltung(Garudasana) , Herabschauender Hund(Adho Mukha Svanasana)

Sahasrara(Kronenchakra): Kopfstand(Sirsasna) , Lotussitz(Padmasna) , Baumstellung(Vrksasna)

Es ist wichtig, dass man sich Zeit nimmt, um herauszufinden, welche Übungen am besten für einen selbst funktionieren. Es kann auch hilfreich sein, sich von einem erfahrenen Yoga-Lehrer beraten zu lassen.

Gleichgültigkeit

Gleichgültigkeit (auch Indifferenz) bezeichnet einen Wesenszug des Menschen, welcher Gegebenheiten und Ereignisse hinnimmt, ohne diese zu werten, sich dafür zu interessieren oder handelnd aktiv zu werden. Gleichgültigkeit kann auch als Symptom einer psychischen Störung auftreten.

Gleichgültigkeit (auch Indifferenz) bezeichnet einen Wesenszug des Menschen, welcher Gegebenheiten und Ereignisse hinnimmt, ohne diese zu werten, sich dafür zu interessieren oder handelnd aktiv zu werden. Es ist einfach die Abwesenheit von Gefühlen und Meinungen. Jemand, der gleichgültig ist, hält sich aus Diskussionen heraus und zeigt keinerlei Engagement.

Mangelnde Anteilnahme durch Gleichgültigkeit schränkt auch den Wunsch ein, sich politisch, ehrenamtlich oder sozial zu betätigen. Daher ist der indirekte Schaden, den diese Geisteshaltung anrichten kann, hoch. So bezeichnet der politische Aktivist Stéphane Hessel Gleichgültigkeit als „die schlimmste Einstellung". Da Gleichgültigkeit die Fähigkeit zur Empathie herabsetzt, ist sie darüber hinaus von strafrechtlicher Relevanz.

Mangelnde Anteilnahme durch Gleichgültigkeit schränkt auch den Wunsch ein, sich politisch zu betätigen. Daher ist der indirekte Schaden, den diese Geisteshaltung anrichten kann, hoch. So bezeichnet der politische Aktivist Stéphane Hessel Gleichgültigkeit als „die schlimmste Einstellung."

Gleichgültigkeit kann auch als Symptom einer psychischen Störung auftreten. Die Steigerung von Gleichgültigkeit, eine krankhafte Antriebsstörung bezeichnet man als Stupor. Ein angemessenes Maß an Gleichgültigkeit, die Gelassenheit dient dem Selbstschutz und der Abgrenzung. Gleichgültigkeit als Strafe ist eine häufige Form der psychologischen Aggression. Sie macht eine Person unsichtbar, was dem Bedürfnis nach sozialer Bindung entgegensteht. Möchtest du mehr über die Auswirkungen von Gleichgültigkeit erfahren?

Gleichgültigkeit kann verheerende Folgen haben. Es handelt sich um eine Aggression, die Leid und Schmerz verursacht. Mangelnde Anteilnahme durch Gleichgültigkeit schränkt auch den Wunsch ein, sich politisch, ehrenamtlich oder sozial zu betätigen. Da Gleichgültigkeit die Fähigkeit zur Empathie herabsetzt, ist sie darüber hinaus von strafrechtlicher Relevanz, da die Hemmschwelle, Straftaten zu begehen, durch eine nur schwach ausgeprägte Fähigkeit zum Mitgefühl herabgesetzt ist und Gleichgültigkeit in der Erziehung schwerwiegende Folgen haben kann.

Um Gleichgültigkeit zu überwinden, gibt es einige Tipps:) Bilden Sie sich Wissen ist Macht – eine fundierte Meinung können Sie sich bilden, wenn Sie sich über bestimmte Bereiche informieren.) Interagieren Sie, wer desinteressiert an anderen ist, läuft Gefahr zu vereinsamen und zum Eigenbrötler zu werden.) Meditieren Sie, wenn sie eine Auszeit von anderen brauchen oder Gefahr laufen, sich über jemanden besonders aufzuregen, sind Meditationen hilfreich.

Narzistischezüge

Narzissmus ist, eine Persönlichkeitsstörung, die durch eine übertriebene, Selbstanbetung und ein signalisierendes Bedürfnis nach Bewunderung gekennzeichnet ist. Sie tritt in verschiedenen Formen auf und kann sowohl bei Männern als auch bei Frauen auftreten.

Narzisstische Menschen zeigen oft unangemessene Verhaltensweisen, die darauf abzielen, ihre Bedürfnisse, Wünsche und Vorlieben zu befriedigen, unabhängig davon, wie dies die Bedürfnisse der Menschen um sie herum beeinflusst. Sie haben oft ein übertriebenes Selbstbewusstsein, das sich in ihrer Rede, ihrem Verhalten und ihrer Körpersprache manifestiert.

In der Regel haben narzisstische Menschen Schwierigkeiten, zwischen Fiktion und Realität zu unterscheiden, da sie dazu neigen, sich selbst zu idealisieren und andere zu entwerten. Sie können auch sehr empfindlich auf Kritik oder Ablehnung reagieren und fühlen sich schnell angegriffen oder verletzt.

Obwohl Narzissmus im Allgemeinen als eine negative und pathologische Eigenschaft angesehen wird, kann er auch in einigen Situationen Vorteile bringen. Zum Beispiel kann ein gewisses Maß an Selbstachtung und Selbstvertrauen in einigen Situationen sehr hilfreich sein, um besser auf Herausforderungen und Schwierigkeiten vorbereitet und reagieren zu können.

Insgesamt ist es wichtig, zu verstehen, dass Narzissmus ein komplexes Phänomen ist, das viel mit der Persönlichkeit und dem individuellen Hintergrund der betreffenden Person zu tun hat. Es ist auch wichtig zu beachten, dass Menschen mit Narzissmus oft unter erheblichem Stress und emotionalen Schmerzen leiden können, da ihre Nöte oft nicht wahrgenommen oder verstanden werden.

Narzissmus kann in einer Beziehung eine Reihe von Herausforderungen und Schwierigkeiten verursachen.

Ein Narzisst neigt dazu, sich in einer Beziehung als das Zentrum des Universums zu betrachten, und erwartet, dass sein Partner ihn bewundert und seinen Wünschen und Bedürfnissen vorrangig behandelt. Es fällt ihm oft schwer, Empathie und Verständnis für die Bedürfnisse und Perspektiven seines Partners zu entwickeln.

Narzisstische Partner können auch unvernünftige Erwartungen an ihre Partner haben, z. B. perfekte Leistung oder ständige Zuneigung, und können unangemessen reagieren, wenn diese Erwartungen nicht erfüllt werden. Sie können auch sehr unsicher sein und ständige Bestätigung und Bewunderung benötigen.

Es ist wichtig zu beachten, dass Narzissmus auf einem Kontinuum existiert und dass nicht jeder, der Eigenschaften von Narzissmus zeigt, ein Narzisst ist. Es ist auch wichtig, zu erkennen, dass Narzissmus nicht automatisch das Ende einer Beziehung bedeuten muss, aber es kann bedeuten, dass der Partner des Narzisstischen etwas tun muss, um sich selbst zu schützen und die Beziehung zu erhalten.

Eine Möglichkeit, mit einem narzisstischen Partner umzugehen, ist, klare Grenzen zu setzen und sich von manipulativen Verhaltensweisen nicht einschüchtern zu lassen. Auch konstruktive Kommunikation und Kompromissbereitschaft können helfen, eine Beziehung mit einem narzisstischen Partner zu erhalten. In manchen Fällen kann jedoch auch professionelle Hilfe in Form von Paartherapie oder individueller Therapie erforderlich sein.

Glaube

Der Glaube hat einen wichtigen Platz in der Gesellschaft und ist in vielen Kulturen, Nationen und Gemeinschaften tief verwurzelt. Er kann eine Quelle der Inspiration und der Hoffnung sein, aber auch zu Konflikten führen, wenn Menschen unterschiedliche Glaubensüberzeugungen haben.

In vielen Ländern spielen Religionen in der Politik eine wichtige Rolle, da sie oft als moralische Autorität und Richtschnur für politische Entscheidungen angesehen werden. Zum Beispiel setzt sich der Vatikan aktiv für soziale Gerechtigkeit und Frieden ein und beeinflusst Entscheidungen in Bezug auf Gesundheit, Kontrolle von Geburten und andere politische Themen.

In anderen Ländern werden religiöse Überzeugungen als rechtmäßige Grundlage für Rechtsstreitigkeiten oder Entscheidungen in der Geschäftswelt verwendet. Dies kann zu Konflikten führen, wenn diese Entscheidungen die Überzeugungen anderer Menschen verletzen oder diskriminieren.

Trotz dieser Unterschiede spielt der Glaube eine wichtige Rolle im Leben vieler Menschen weltweit. Er kann als Quelle der Unterstützung, der Ruhe und der Motivation dienen und kann dazu beitragen, dass individuelle Handlungen und Entscheidungen auf moralischen Überzeugungen basieren.

Insgesamt ist der Glaube ein wichtiger Bestandteil der menschlichen Erfahrung und prägt maßgeblich unsere Gesellschaft. Unabhängig von unseren jeweiligen Glaubensüberzeugungen sollte Respekt und Toleranz gegenüber anderen Meinungen und Weltanschauungen immer im Vordergrund stehen, um eine friedliche und harmonische Gesellschaft zu schaffen.

Selbstvertrauen

Selbstvertrauen spielt eine wichtige Rolle im Beruf. Es kann dazu beitragen, dass man besser mit Herausforderungen umgehen und schwierige Entscheidungen treffen kann. Zudem kann ein selbstbewusstes Auftreten bei Kollegen und Vorgesetzten Respekt und Anerkennung vermitteln, was sich positiv auf die Karriereentwicklung auswirken kann.

Menschen mit hohem Selbstvertrauen sind oft mutiger, kreativer und erfolgreicher im Job. Sie haben oft mehr Selbstsicherheit und Selbstbewusstsein, um ihre Ideen und Visionen zu präsentieren, sie setzen sich selbstbewusst in Szene und sind dadurch oft die Ersten, die eine Chance ergreifen.

Allerdings sollten Selbstvertrauen und Überheblichkeit nicht verwechselt werden. Ein übermäßiges Selbstvertrauen kann auch schnell negativ auffallen und Unwohlsein auslösen.

Es ist daher wichtig, dass das Selbstvertrauen auf einer realistischen Selbstwahrnehmung und Erfahrung beruht und nicht auf einer unrealistischen Selbsteinschätzung oder auf Arroganz.

Insgesamt kann ein angemessenes Selbstvertrauen im Beruf dazu beitragen, dass man besser arbeitet, mehr erreicht und erfolgreich, bleibt.

Selbstvertrauen ist wichtig, um im Leben erfolgreich zu sein und eine positive Einstellung zu haben. Es ermöglicht es Ihnen, Herausforderungen zu meistern, Schwierigkeiten zu überwinden und Ziele zu erreichen. Mit Selbstvertrauen können Sie Ihre Fähigkeiten und Stärken erkennen und sich in schwierigen Situationen selbst motivieren. Es kann auch helfen, bessere Entscheidungen zu treffen und positivere Beziehungen aufzubauen. Selbstvertrauen ist daher ein wichtiger Faktor für persönliches Wachstum und Glück.

Geschichten über Mythen

Die Legende von Atlantis.

Vor langer Zeit gab es eine Insel namens Atlantis, die von einem mächtigen Volk bewohnt wurde, welches über herausragende Technologie und Wissen verfügte. Doch mit der Zeit verloren die Herrscher von Atlantis ihre Bescheidenheit und wurden überheblich. Eines Tages bergend aufgrund ihrer Arroganz, Unterwasserbeben die Insel und versank in den Fluten des Ozeans. Seitdem existiert Atlantis nur noch als Legende.

Der Minotaurus von Kreta, laut griechischer Mythologie lies König Minos von Kreta ein Labyrinth bauen, in dem er den Minotaurus aufbewahrte. Dieses wilde Monster hatte den Kopf eines Stieres und den Körper eines Mannes. Um die Bestie zufriedenzustellen, wurden ihm in regelmäßigen Abständen junge Burschen und Mädchen gebracht, um von ihm verschlungen zu werden. Bis daher Dieseus, ein Held aus Athen, kam, welcher den Minotaurus mit einer List besiegte und somit die Insel befreite.

Thor und die Midgardschlange

In der nordischen Mythologie galt Thor als der mächtigste Gott und der Beschützer der Menschheit. Eines Tages erweckte er jedoch den Zorn der Midgardschlange – eines riesigen Seeungeheuers, das um die ganze Welt gewickelt war. Die beiden kämpften einen epischen Kampf, in dem Thor gerade noch so gewann… jedoch war es ein Kampf auf Leben und Tod. Es existiert jedoch eine Prophezeiung, die besagt, dass die Midgardschlange eine Armageddon-ähnliche Endschlacht auslösen wird, die die Welt vernichten wird.

Die Geschichte von Apollo und Daphne Apollos unerwiderte Liebe zu der Nymphe Daphne wurde zum Mythos. Als er sie verfolgte, bat sie ihren Vater, den Flussgott Peneus, um Hilfe. Peneus verwandelte Daphne in einen Lorbeerbaum, bevor Apollo sie erreichen konnte. Apollo war so betrübt über den Verlust der Liebe seines Lebens, dass er den Lorbeerbaum in Ehren hielt und ihn fortan als heiliges Symbol nutze.

Die Nixe, Loreley

Eine Sage aus der Rheinregion handelt von einer bezaubernden Nixe namens Loreley. Sie sang so bezaubernd, dass sie viele Schiffer in den Tod lockte. Es wird behauptet, dass der Zauber, den sie aussendete, so mächtig war, dass sie selbst den ausdauerndsten Segler dazu zwang, sich auf die Felsen zu stürzen, die sich am Ende des Flusses befanden. Seitdem sind die Felsen als die "Loreley-Felsen" bekannt.

Was sind Mythen?

Mythen sind Geschichten oder Erzählungen, die sich auf übernatürliche oder göttliche Wesen und Ereignisse beziehen. Sie enthalten oft metaphorische oder symbolische Elemente und dienen dazu, bestimmte kulturelle Werte, Traditionen und Glaubensvorstellungen zu vermitteln. Mythen gibt es in allen Kulturen und sie können sich im Laufe der Zeit verändern und weiterentwickeln. Sie können auch als Grundlage für religiöse Überzeugungen dienen und beeinflussen oft das Verhalten und Denken der Menschen in einer Gemeinschaft. Mythen können durch mündliche Überlieferungen oder schriftliche Quellen überliefert werden und sind ein wichtiger Bestandteil der menschlichen Kulturgeschichte.

Mythen sind Erzählungen oder Geschichten, die meist aus der Vergangenheit stammen und oft übernatürliche, magische oder mythologische Elemente enthalten. Sie dienen oft zur Erklärung von Naturphänomenen oder kulturellen Bräuchen und Traditionen.

Mythen können aus verschiedenen Kulturen und Ländern stammen und sind oft eng mit der Geschichte und dem Glauben der Menschen verbunden. Sie können mündlich überliefert oder auch schriftlich festgehalten werden.

Manche Mythen haben eine moralische Lehre oder Botschaft, andere dienen zur Unterhaltung oder zur Stärkung von Traditionen und Bräuchen. Viele Mythen haben unterschiedliche Varianten oder Versionen, je nach Region, Zeitraum oder Erzähler.

Zu den bekanntesten Mythen gehören die griechischen Mythen, wie etwa die Sage von Zeus und Hera oder die Abenteuer des Odysseus. Auch in der nordischen Mythologie gibt es zahlreiche bekannte Erzählungen, wie etwa die Saga von Thor und Loki.

In vielen Kulturen und Religionen spielen Mythen eine wichtige Rolle bei der Überlieferung von Geschichte und Traditionen. Sie können uns helfen, die Kultur und die Weltanschauung anderer Menschen besser zu verstehen.

Fantasy

Fantasy ist ein Genre, das sich um Elemente wie magische Kräfte, mythische Kreaturen und fiktive Welten dreht. Wenn du daran interessiert bist, Fantasy Geschichten zu lesen oder zu schreiben, gibt es viele Möglichkeiten, wo du beginnen kannst.

Für den Einstieg ins Lesen von Fantasy empfehle ich, einige klassische Bücher des Genres zu lesen, wie "Der Herr der Ringe" von J.R.R. Tolkien, "Die Chroniken von Narnia" von C.S. Lewis oder "Harry Potter" von J.K. Rowling. Diese Bücher haben das Genre maßgeblich beeinflusst und sind eine gute Möglichkeit, sich mit den wichtigen Elementen von Fantasy vertraut zu machen.

Wenn du daran interessiert bist, deine eigene Fantasy Geschichte zu schreiben, solltest du überlegen, welche Art von Welt du schaffen möchtest, welche Charaktere du darin haben möchtest und welche Gründe es für den Konflikt in deiner Geschichte gibt. Es kann auch hilfreich sein, sich an etablierten Konventionen des Genres zu orientieren, wie der Existenz von Magie oder mythologischen Kreaturen.

Fantasy ist ein reichhaltiges und vielfältiges Genre, das viele verschiedene Subgenres umfasst. Von epischen high Fantasy-Serien bis hin zu urbaner Fantasy, die in modernen Städten spielt, es gibt für jeden etwas dabei. Wichtig ist, dass du dich für das entscheidest, was dir am meisten zusagt und deiner Kreativität freien Lauf lässt!

Fantasy ist ein Genre der Literatur, Film- und Fernsehindustrie, das sich dadurch auszeichnet, dass es oft in fiktiven Welten spielt, in denen übersinnliche oder magische Elemente eine wichtige Rolle spielen. Die Geschichten sind oft von epischer Natur und handeln von Helden, die gegen übernatürliche Mächte kämpfen, um ihr Land oder ihre Welt vor dem Untergang zu bewahren.

Zu den bekanntesten Fantasy-Werken gehören J.R.R. Tolkiens "Der Herr der Ringe", J.K. Rowlings "Harry Potter" und George R.R. Martins "Game of Thrones". Aber auch Märchen und Legenden wie "Das Nibelungenlied" oder die "Artus-Sage" können als Fantasy gelten. Fantasy wird oft in Subgenres unterteilt, wie zum Beispiel High Fantasy, die in fiktiven Welten oder Götterreichen spielt, oder Urban Fantasy, die heutige Städte mit übernatürlichen Elementen vermischt. Weitere Subgenres sind Dark Fantasy, Sword and Sorcery, Science-Fantasy und viele mehr. Fantasy ist über die Jahre immer beliebter geworden und hat mit der Konzentration auf die Erforschung von Charakteren und gesellschaftlichen Themen wie sozialer Gerechtigkeit eine wachsende Relevanz erlangt.

Fantasy zu haben als Mensch?

Was bedeutet Fantasy zu haben als Mensch?

Aber im Allgemeinen bedeutet Fantasy für viele Menschen, eine Welt zu erschaffen, in der ihre Vorstellungen und Träume wahr werden können. Sie können in die Rolle von verschiedenen Charakteren schlüpfen und in einer imaginären Welt Abenteuer und Erfahrungen machen, die in der Realität nicht möglich sind. Fantasy kann dabei helfen, den Alltag zu entfliehen und die eigene Kreativität auszuleben.

Fantasie ist die Fähigkeit, sich vorzustellen, wie die Dinge sein könnten oder wie sie hätten sein können. In der Fantasie spielen wir gedanklich durch, dass vieles anders wäre, als es ist, und wir können uns sogar völlig fremde Welten vorstellen: Welten, in denen Honig in den Flüssen fließt und Schweine fliegen können, in denen Bäume sprechen, in denen wir selbst Fußballweltmeister oder Königin von Deutschland sind.

Die Fantasie ist eine Quelle großer Freude und Unterhaltung für uns – einen großen Teil unserer Freizeit verbringen wir schließlich voller Genuss damit, Bücher zu lesen, Filme zu schauen, Computerspiele zu spielen, in denen es um Fantasiewelten geht. Aber die Fantasie ist auch von großem praktischem Nutzen: Dadurch, dass wir uns vorstellen können, wie die Dinge sein könnten, können wir gedanklich Lösungen für ein Problem durchspielen, mögliche Szenarien für die Zukunft entwerfen und miteinander vergleichen – wir können, losgelöst vom Hier und jetzt, das dort und dann planen.

Die Fantasie entwickelt sich sehr früh in der Kindheit, spätestens ab dem zweiten Lebensjahr, und sie beginnt in Form des So-tun-Als-ob- oder Fantasie-Spiels. In dieser Zeit fangen Kinder in der Regel an, spielerisch so zu tun, als würden sie bestimmte Handlungen ausführen (essen, trinken, schlafen, Puppen füttern…) und so zu tun, als wären bestimmte Dinge der Fall (als wäre in der Spielzeugtasse Tee, als hätte das Kuscheltier eine Erkältung, als wären sie Prinz und Prinzessin…). Sie bauen also in einfacher Weise Fantasiewelten auf, in denen sie sich spielerisch bewegen. Diese Fantasiewelten sind anfangs sehr einfach und kurzlebig, werden aber über die Entwicklung hinweg immer komplexer und ausgefeilter – bis hin eben zu den verschachtelten Rollenspielfantasiewelten vom Jugendlichen oder den komplexen Fantasiegebilden die wir als Erwachsene in Romanen, Seifenopern und Theaterstücken genießen.

Interessant ist dabei, dass die Fantasietätigkeit von Anfang an, und besonders am Anfang der Entwicklung, eine soziale, gemeinsam mit anderer betriebener Tätigkeit ist: Die ersten Fantasiewelten, in denen wir uns bewegen, sind solche, die wir uns gemeinsam mit anderen aufbauen und teilen. Anfangs sind diese anderen, in der Regel Erwachsene, die das Spiel für Kinder vorstrukturieren, aber nach und nach werden gemeinsame erfundene Spiele mit Gleichaltrigen immer wichtiger. Solche gemeinsamen Fantasiespiele von Gleichaltrigen sind wiederum nicht nur großartigen Unterhaltung, sondern haben auch handfesten Nutzen: Im Spiel können Kinder den Ernstfall proben, Rollen ausprobieren, die ihnen später im Ernst zukommen werden.

Fantasie hat viele Vorteile. Sie macht dich nicht nur kreativer, sondern auch glücklicher und entspannter. Es gibt auch Techniken, um dein Fantasievermögen zu schulen, zu trainieren und auszubauen.
Ein Beispiel für eine ungewöhnliche Frage könnte sein: "Was wäre, wenn die Erde plötzlich viereckig wäre?".

Um Bilder als Impulse zu nutzen, kannst du zum Beispiel eine Sammlung von Bildern erstellen und diese willkürlich auswählen. Schau dir das Bild an und lass deiner Fantasie freien Lauf. Was siehst du? Was fühlst du? Was passiert in dem Bild?

Karriere und Berufung

Beruf:

Eine Karriere bezieht sich auf eine Reihe von beruflichen Fortschritten und Erfolgen, die eine Person im Laufe ihres Arbeitslebens erreicht. Eine Karriere kann in verschiedenen Berufsfeldern und Branchen stattfinden und kann verschiedene Stufen der Verantwortung und des Ansehens umfassen.

Der Beruf einer Person bezieht sich auf die Art von Arbeit oder Beschäftigung, die sie ausübt, um ihren Lebensunterhalt zu verdienen. Ein Beruf kann in verschiedenen Bereichen wie Wissenschaft, Technologie, Medizin, Finanzen, Bildung, Kunst und vielen anderen gefunden werden.

Eine erfolgreiche Karriere kann von verschiedenen Faktoren abhängen, wie beispielsweise von der Ausbildung, den Fähigkeiten, der Erfahrung, dem Netzwerk, der Arbeitsethik und vielen anderen. Eine Person kann ihre Karriereziele erreichen, indem sie ihre Fähigkeiten verbessert, ihre Kenntnisse und Erfahrungen erweitert, sich weiterbildet und stets bereit ist, neue Herausforderungen anzunehmen.

Ein Beruf kann auch ein wichtiger Bestandteil der Identität einer Person sein und kann einen erheblichen Einfluss auf ihr Leben haben. Ein erfüllender Beruf kann dazu beitragen, dass sich eine Person glücklich und zufrieden fühlt, während ein unglücklicher Beruf zu Stress und Unzufriedenheit führen kann.

Insgesamt hängt eine erfolgreiche Karriere von vielen Faktoren ab, einschließlich harter Arbeit, Engagement, Flexibilität und Entschlossenheit. Durch die richtige Planung und Vorbereitung können Menschen ihre Karriereziele erreichen und einen erfüllenden Beruf finden.

Eine erfolgreiche Karriere kann verschiedene Formen annehmen, abhängig von den Zielen und Prioritäten einer Person. Einige Menschen möchten möglicherweise schnell aufsteigen und in Führungspositionen gelangen, während andere sich eher auf die Entwicklung spezifischer Fähigkeiten oder die Erfüllung ihrer Leidenschaften konzentrieren möchten.

Unabhängig davon, welche Art von Karriere eine Person anstrebt, ist es wichtig, sich über die eigenen Ziele und Interessen im Klaren zu sein. Dies kann helfen, eine klare Karriereplanung zu entwickeln und gezielte Schritte zu unternehmen, um diese Ziele zu erreichen.

Ein wichtiger Aspekt einer erfolgreichen Karriere ist auch die Fähigkeit, sich an sich ändernde Arbeitsbedingungen anzupassen und kontinuierlich zu lernen und sich weiterzuentwickeln. Die Technologie und die Arbeitswelt verändern sich ständig, sodass es wichtig ist, auf dem Laufenden zu bleiben und neue Fähigkeiten und Kenntnisse zu erwerben.

In Bezug auf den Beruf kann es hilfreich sein, verschiedene Berufsmöglichkeiten zu erkunden und sich über die Anforderungen und Aussichten in verschiedenen Branchen und Berufsfeldern zu informieren. Es kann auch hilfreich sein, Erfahrungen zu sammeln und Praktika oder ehrenamtliche Arbeit in verschiedenen Bereichen zu absolvieren, um herauszufinden, was einem am meisten liegt.

Insgesamt kann eine erfolgreiche Karriere, und ein erfüllender Beruf, zu einer höheren Zufriedenheit im Leben beitragen und eine Person in die Lage versetzen, ihre Fähigkeiten und Talente optimal zu nutzen. Es erfordert jedoch auch harte Arbeit, Engagement und eine klare Planung, um diese Ziele zu erreichen.

Eine Karriere kann auch, von verschiedenen externen Faktoren beeinflusst werden, wie z.B. dem Arbeitsmarkt, der Wirtschaftslage, der Verfügbarkeit von Arbeitsplätzen und der Konkurrenz. Es ist wichtig, diese Faktoren im Auge zu behalten und flexibel zu bleiben, um sich an sich ändernde Bedingungen anzupassen.

Eine weitere wichtige Überlegung bei der Planung einer Karriere ist die Work-Life-Balance. Eine erfolgreiche Karriere kann oft viel Zeit und Energie erfordern, aber es ist auch wichtig, Zeit für Familie, Freunde und Hobbys zu haben. Eine gute Work-Life-Balance kann dazu beitragen, Stress und Burn-out zu vermeiden und langfristig erfolgreich zu sein.

Es ist auch wichtig, sich bewusst zu sein, dass eine Karriere nicht immer geradlinig verläuft. Es können Rückschläge,

Enttäuschungen und Umwege auftreten. Es ist wichtig, diese Herausforderungen anzunehmen und als Lernchancen zu betrachten, um aus ihnen zu wachsen und sich weiterzuentwickeln.

In Bezug auf den Beruf können Soft Skills wie Kommunikation, Teamwork, Zeitmanagement und Führungsfähigkeiten genauso wichtig sein wie harte Fähigkeiten wie technisches Wissen oder bestimmte Fachkenntnisse. Es ist wichtig, diese Fähigkeiten zu entwickeln und zu verbessern, um in einer Karriere erfolgreich zu sein.

Schließlich ist es wichtig, dass eine Person sich für einen Beruf entscheidet, der sie erfüllt und motiviert. Eine Arbeit, die auf Leidenschaft und Interesse basiert, kann dazu beitragen, dass eine Person produktiver und zufriedener ist und langfristig motiviert bleibt.

Insgesamt erfordert eine erfolgreiche Karriere und ein erfüllender Beruf eine Kombination aus harter Arbeit, Planung, Flexibilität, Anpassungsfähigkeit und Leidenschaft. Mit der richtigen Einstellung und den richtigen Fähigkeiten kann eine Person ihre Karriereziele erreichen und einen erfüllenden Beruf finden.

Resümee: Eine erfolgreiche Karriere und ein erfüllender Beruf erfordern harte Arbeit, Planung und Anpassungsfähigkeit. Es ist wichtig, sich über die eigenen Ziele und Interessen im Klaren zu sein, Soft Skills zu entwickeln und sich ständig weiterzubilden. Eine Karriere kann auch von externen Faktoren beeinflusst werden, wie dem Arbeitsmarkt, der Wirtschaftslage und der Konkurrenz. Eine gute Work-Life-Balance und die Wahl eines Berufs, der auf Leidenschaft und Interesse basiert, können dazu beitragen, dass eine Person langfristig erfolgreich und zufrieden ist.

Burn-out

Burn-out ist ein Zustand emotionaler, körperlicher und geistiger Erschöpfung, der durch anhaltenden Stress am Arbeitsplatz oder in anderen Lebensbereichen verursacht wird. Burn-out wird oft als eine Art "Zusammenbruch" beschrieben, bei dem eine Person das Gefühl hat, dass sie nicht mehr in der Lage ist, ihre Aufgaben zu bewältigen oder ihre Ziele zu erreichen.

Die Symptome von Burn-out können sich auf verschiedene Aspekte des Lebens einer Person auswirken. Im beruflichen Bereich können sich diese Symptome in einem Gefühl von Überlastung, Desillusionierung, Zynismus oder sogar Resignation manifestieren. Eine Person mit Burn-out kann sich zunehmend isoliert, entfremdet und unzufrieden mit ihrer Arbeit fühlen. Darüber hinaus können Burn-out-Symptome auch physische Auswirkungen haben, wie zum Beispiel Kopfschmerzen, Magenprobleme, Schlafstörungen oder chronische Müdigkeit.

Es gibt verschiedene Faktoren, die zu Burn-out beitragen können. Dazu gehören beispielsweise hoher Arbeitsdruck, unzureichende Ressourcen, mangelnde Unterstützung am Arbeitsplatz, unklare oder unerreichbare Ziele, unregelmäßige Arbeitszeiten oder Konflikte am Arbeitsplatz. Darüber hinaus können auch Faktoren außerhalb des Arbeitsplatzes, wie Beziehungsprobleme, familiäre Verpflichtungen oder finanzielle Schwierigkeiten, zu Burn-out führen.

Es ist wichtig, zu betonen, dass Burn-out keine normale Reaktion auf Stress ist und dass es behandelt werden kann. Eine ganzheitliche Behandlung kann kognitive Verhaltenstherapie, Stressmanagement-Techniken, Entspannungsübungen, Meditation und / oder Medikamente umfassen. Darüber hinaus kann es hilfreich sein, Veränderungen am Arbeitsplatz oder im persönlichen Leben vorzunehmen, um den Stress zu reduzieren und eine gesündere Work-Life-Balance zu erreichen.

Insgesamt kann Burn-out ein ernstes Problem sein, das nicht nur die betroffene Person, sondern auch ihre Arbeitskollegen, Familie und Freunde beeinträchtigen können. Es ist wichtig, die Symptome von Burn-out zu erkennen und professionelle Hilfe in Anspruch zu nehmen, um eine rechtzeitige Behandlung und Genesung zu ermöglichen. Burn-out kann auch langfristige Auswirkungen auf die Gesundheit haben, wenn es nicht behandelt wird. Eine Person mit Burn-out kann ein erhöhtes Risiko für Herzkrankheiten, Depressionen, Angstzustände und andere gesundheitliche Probleme haben.

Um Burn-out zu vermeiden, ist es wichtig, gesunde Bewältigungsstrategien zu entwickeln und aufrechtzuerhalten.

Dazu gehört beispielsweise, Grenzen zu setzen und realistische Ziele zu setzen, Zeitmanagement-Fähigkeiten zu entwickeln, gesunde Ernährungsgewohnheiten und körperliche Aktivität zu fördern und soziale Unterstützung zu suchen. Arbeitgeber können auch Maßnahmen ergreifen, um die Arbeitsbedingungen und die Work-Life-Balance ihrer Mitarbeiter zu verbessern, wie zum Beispiel flexible Arbeitszeiten, Schulungen zum Stressmanagement und Möglichkeiten zur beruflichen Weiterentwicklung.

Insgesamt ist Burn-out ein komplexes Phänomen, das durch verschiedene Faktoren beeinflusst wird. Es ist wichtig, die Symptome von Burn-out zu erkennen und geeignete Maßnahmen zu ergreifen, um ihn zu vermeiden oder zu behandeln. Indem wir auf unsere geistige und körperliche Gesundheit achten und gesunde Bewältigungsstrategien entwickeln, können wir dazu beitragen, Burn-out zu vermeiden und eine bessere Work-Life-Balance zu erreichen.

Es gibt verschiedene Dinge, die man tun kann, um gegen Burn-out vorzugehen:

Nehmen Sie sich Zeit zum Entspannen: Es ist wichtig, regelmäßige Pausen zu machen und Zeit für Entspannung und Erholung einzuplanen. Entspannungsübungen wie Yoga, Meditation oder progressive Muskelentspannung können helfen, Stress abzubauen und die geistige Gesundheit zu fördern.

Pflegen Sie gesunde Beziehungen: Soziale Unterstützung von Freunden, Familie und Kollegen kann helfen, Stress abzubauen und das Wohlbefinden zu steigern. Investieren Sie Zeit in Beziehungen und bauen Sie ein Unterstützungsnetzwerk auf.

Setzen Sie Prioritäten: Priorisieren Sie Ihre Aufgaben und konzentrieren Sie sich auf die wichtigsten Aufgaben. Lernen Sie, "Nein" zu sagen, wenn Sie zu viel auf Ihrem Teller haben, und delegieren Sie Aufgaben, wenn möglich.

Verbessern Sie Ihre Work-Life-Balance: Finden Sie ein Gleichgewicht zwischen Arbeit und Freizeitaktivitäten. Planen Sie Zeit für Hobbys, Freunde und Familie ein und achten Sie darauf, genug Schlaf zu bekommen.

Suchen Sie Unterstützung: Wenn Sie das Gefühl haben, dass Sie unter Burn-out leiden, suchen Sie professionelle Hilfe. Ein Therapeut oder Berater kann helfen, Stress zu bewältigen und gesunde Bewältigungsstrategien zu entwickeln.

Machen Sie Veränderungen am Arbeitsplatz: Wenn die Ursache des Burn-outs am Arbeitsplatz liegt, sprechen Sie mit

Ihrem Arbeitgeber über mögliche Veränderungen. Flexible Arbeitszeiten, eine bessere Work-Life-Balance und Schulungen zum Stressmanagement können helfen, den Arbeitsplatz gesünder zu gestalten.

Insgesamt ist es wichtig, auf Ihre geistige und körperliche Gesundheit zu achten und gesunde Bewältigungsstrategien zu entwickeln, um Burn-out zu vermeiden oder zu behandeln. Indem Sie sich Zeit für Entspannung und Erholung nehmen, soziale Unterstützung suchen und Ihre Prioritäten setzen, können Sie dazu beitragen, ein gesünderes und ausgeglicheneres Leben zu führen.

Machen Sie regelmäßige körperliche Aktivität zu einem Teil Ihres Alltags: Körperliche Aktivität kann helfen, Stress abzubauen und die geistige Gesundheit zu fördern. Versuchen Sie, regelmäßig Sport zu treiben oder einfach öfter zu Fuß zu gehen oder das Fahrrad zu nutzen.

Achten Sie auf Ihre Ernährung: Eine ausgewogene Ernährung mit viel Obst, Gemüse, Vollkornprodukten und gesunden Fetten kann helfen, den Körper mit wichtigen Nährstoffen zu versorgen und das Wohlbefinden zu steigern. Vermeiden Sie zu viel Zucker und verarbeitete Lebensmittel, da diese den Blutzuckerspiegel und den Stresspegel erhöhen können.

Finden Sie Wege, um Ihre Kreativität auszudrücken: Kreativität kann helfen, Stress abzubauen und das Wohlbefinden zu steigern. Finden Sie Wege, um Ihre Kreativität auszudrücken, wie zum Beispiel durch Malen, Schreiben oder Musizieren.

Vermeiden Sie ungesunde Bewältigungsmechanismen: Vermeiden Sie ungesunde Bewältigungsmechanismen wie Alkohol oder Drogen, um Stress abzubauen. Diese können langfristig negative Auswirkungen auf die geistige und körperliche Gesundheit haben und das Risiko für Burnout erhöhen.

Indem Sie auf Ihre körperliche und geistige Gesundheit achten und gesunde Bewältigungsstrategien entwickeln, können Sie dazu beitragen, Burn-out zu vermeiden oder zu behandeln. Wenn Sie das Gefühl haben, dass Sie unter Burn-out leiden, suchen Sie professionelle Hilfe, um Unterstützung bei der Bewältigung von Stress und der Entwicklung von gesunden Bewältigungsstrategien zu erhalten.

Zufall

Der Zufall ist ein Phänomen, das uns in allen Aspekten des Lebens begegnet. Ob es sich um den Zufall in der Natur, in den zwischenmenschlichen Beziehungen oder in wissenschaftlichen Experimenten handelt – er bleibt unvorhersehbar und unkontrollierbar. In diesem Aufsatz werde ich verschiedene Aspekte des Zufalls untersuchen und diskutieren, wie er unser Verständnis von der Welt und unsere Entscheidungen beeinflusst.

Ein grundlegendes Konzept des Zufalls ist, dass es kein voraussagbares Ergebnis gibt. Dies bedeutet, dass Ereignisse oder Ergebnisse, die durch Zufall auftreten, unabhängig von den Umständen oder Bedingungen sind, die sie verursachen können. In der Natur können wir sehen, wie der Zufall in Form von Naturkatastrophen, Wetterphänomenen und anderen unvorhersehbaren Ereignissen auftritt. Dies führt oft zu einer Erkenntnis unserer eigenen Machtlosigkeit in Bezug auf die Kräfte der Natur.

In der zwischenmenschlichen Kommunikation können wir auch sehen, wie der Zufall eine Rolle spielt. Zufällige Begegnungen oder Gespräche können unser Leben beeinflussen und unser Schicksal verändern. Der Zufall kann dazu führen, dass wir jemanden treffen, der uns eine neue Karrieremöglichkeit bietet, oder dass wir eine Entscheidung treffen, die unser Leben in eine völlig neue Richtung lenkt. In diesen Fällen können wir sehen, wie der Zufall uns Möglichkeiten bietet, die wir nicht vorhergesehen hätten.

In der Wissenschaft ist der Zufall ein wichtiger Aspekt von Experimenten und Studien. Die Ergebnisse können nicht vorhergesagt werden, und es gibt immer eine gewisse Unsicherheit darüber, ob die Ergebnisse repräsentativ für die Population sind. Diese Unsicherheit kann jedoch dazu führen, dass Wissenschaftler ihre Ergebnisse gründlicher untersuchen und mögliche Fehlerquellen ausschließen, um die Gültigkeit ihrer Ergebnisse zu erhöhen.

Der Zufall kann auch unser Verständnis von der Welt beeinflussen. Zum Beispiel kann ein zufälliges Ereignis, das nicht mit unseren Vorstellungen oder Annahmen übereinstimmt, dazu führen, dass wir unser Verständnis der Welt überdenken und neue Theorien oder Ideen entwickeln. In der Wissenschaft kann der Zufall dazu führen, dass neue Entdeckungen gemacht werden, die unser Verständnis von der Welt verändern.

In Bezug auf Entscheidungen kann der Zufall auch eine wichtige Rolle spielen. Wir können Entscheidungen treffen, die auf einem zufälligen Ereignis oder einer zufälligen Begegnung basieren, die unsere Sichtweise verändert hat. Dies kann dazu führen, dass wir Entscheidungen treffen, die wir sonst nicht getroffen hätten. In diesen Fällen kann der Zufall dazu beitragen, dass wir neue Chancen ergreifen und uns in neue Richtungen bewegen.

Insgesamt ist der Zufall ein unvermeidliches Phänomen, das in allen Aspekten des Lebens auftreten kann. Obwohl es uns oft herausfordert und uns mit Unsicherheit konfrontiert. es auch neue Möglichkeiten und Erkenntnisse eröffnen. Der Zufall kann unser Verständnis der Welt verändern und uns dazu bringen, Dinge aus neuen Perspektiven zu betrachten. Es kann auch unser Leben in unerwartete Richtungen lenken und uns dazu bringen, Entscheidungen zu treffen, die wir sonst nicht getroffen hätten.

Es ist wichtig zu beachten, dass der Zufall nicht immer nur positiv oder negativ sein kann. In manchen Fällen kann er uns erheblichen Schaden zufügen oder unser Leben negativ beeinflussen. Eine Naturkatastrophe oder ein schwerer Unfall kann uns zufällig treffen und uns Schmerzen und Leid verursachen. In diesen Fällen müssen wir uns mit den Konsequenzen des Zufalls auseinandersetzen und Wege finden, um damit umzugehen.

Es ist auch wichtig, den Zufall nicht mit dem Schicksal zu verwechseln. Obwohl der Zufall unsere Entscheidungen und unser Leben beeinflussen kann, haben wir immer noch eine gewisse Kontrolle darüber, wie wir darauf reagieren und was wir daraus machen. Wir können unsere Entscheidungen treffen und unsere Ziele verfolgen, auch wenn der Zufall uns auf unerwartete Weise beeinflusst hat.

Insgesamt ist der Zufall ein faszinierendes und unvermeidliches Phänomen, das uns in allen Aspekten des Lebens begegnet. Obwohl er uns oft mit Unsicherheit und Herausforderungen konfrontiert, kann er auch neue Chancen und Erkenntnisse eröffnen. Es ist wichtig, den Zufall als Teil unseres Lebens zu akzeptieren und uns darauf vorzubereiten, mit seinen Konsequenzen umzugehen.

In diesem Aufsatz wurde der Zufall als Phänomen in verschiedenen Bereichen des Lebens untersucht. Der Zufall ist unvorhersehbar und unkontrollierbar und tritt in der Natur, in zwischenmenschlichen Beziehungen und in wissenschaftlichen Experimenten auf. Der Zufall kann unser Verständnis von der Welt verändern und uns dazu bringen, neue Entscheidungen zu treffen und neue Chancen zu ergreifen. Es ist wichtig zu beachten, dass der Zufall nicht immer nur positiv oder negativ sein kann und dass wir trotz des Zufalls immer noch eine gewisse Kontrolle über unser Leben haben. Insgesamt ist der Zufall ein faszinierendes und unvermeidliches Phänomen, das uns in allen Aspekten des Lebens begegnet. Der Zufall ist letzt endlich das, was einem zufällt, wenn die Zeit, dafür gekommen ist.

Ängste und Sorgen

Ängste und Sorgen gehören zu den menschlichen Emotionen, die uns im Alltag begleiten. Manchmal sind sie durch bestimmte Ereignisse oder Umstände ausgelöst, manchmal aber auch ohne erkennbaren Grund vorhanden. In diesem Aufsatz möchte ich auf die Ursachen von Ängsten und Sorgen eingehen, sowie darauf, wie man damit umgehen und sie bewältigen kann.

Ängste können verschiedene Ursachen haben. Oftmals sind sie auf Erfahrungen zurückzuführen, die man in der Vergangenheit gemacht hat. Beispielsweise kann ein traumatisches Erlebnis in der Kindheit dazu führen, dass man auch als erwachsener noch Angst vor ähnlichen Situationen hat. Auch können Ängste durch bestimmte Lebensumstände ausgelöst werden, wie zum Beispiel finanzielle Sorgen oder beruflicher Stress. Krankheiten oder körperliche Beschwerden können ebenfalls Ängste hervorrufen, da man sich um seine Gesundheit sorgt.

Sorgen sind eng mit Ängsten verbunden und können ebenfalls verschiedene Ursachen haben. Oftmals resultieren sie aus der Angst, etwas zu verlieren oder nicht zu bekommen, was man sich wünscht. Beispielsweise können finanzielle Sorgen dazu führen, dass man sich um seine Zukunft sorgt oder sich fragt, wie man die nächsten Rechnungen bezahlen soll. Auch Beziehungsprobleme oder berufliche Unsicherheit können Sorgen hervorrufen.

Es ist wichtig, zu verstehen, dass Ängste und Sorgen ein natürlicher Teil des menschlichen Lebens sind. Jeder Mensch hat in gewisser Weise mit ihnen zu kämpfen. Es ist jedoch auch wichtig, zu lernen, wie man damit umgehen und sie bewältigen kann. Hier sind einige Tipps, die dabei helfen können:

Akzeptiere deine Ängste und Sorgen. Verdränge sie nicht, sondern nimm sie an und versuche, sie zu verstehen.

Analysiere deine Ängste und Sorgen. Versuche herauszufinden, woher sie kommen und was sie auslöst.

Sprich mit anderen Menschen darüber. Oftmals kann es hilfreich sein, sich mit Freunden oder Familie über seine Ängste und Sorgen auszutauschen.

Schreibe deine Gedanken auf. Manchmal kann es helfen, wenn man seine Gedanken aufschreibt, um sie besser zu verstehen und zu verarbeiten.

Entspannungsübungen. Entspannungsübungen wie Yoga oder Meditation können helfen, Stress abzubauen und Ängste zu lindern.

Suche professionelle Hilfe. Wenn deine Ängste und Sorgen dein tägliches Leben beeinträchtigen oder du das Gefühl hast, dass du alleine nicht damit fertig wirst, solltest du professionelle Hilfe suchen. Therapeuten können helfen, die Ursachen deiner Ängste und Sorgen zu erkennen und dir Strategien zur Bewältigung zu vermitteln.

Zusammenfassend lässt sich sagen, dass Ängste und Sorgen ein natürlicher Teil des menschlichen Lebens sind. Sie können jedoch auch belastend sein und sollten nicht verdrängt werden. Es ist wichtig, sie anzunehmen und zu verstehen, um Strategien zur Bewältigung zu entwickeln. Wenn du das Gefühl hast, dass du alleine nicht damit fertig kommst, scheue dich nicht davor, professionelle Hilfe in Anspruch zu nehmen. Es ist keine Schwäche, Hilfe zu suchen, und es kann sehr hilfreich sein, um deine Ängste und Sorgen zu überwinden.

Es ist auch wichtig zu beachten, dass nicht alle Ängste und Sorgen rational sind. Manchmal machen wir uns Sorgen über Dinge, die nie eintreten oder wir haben Ängste, die irrational sind. In diesen Fällen kann es hilfreich sein, unsere Gedanken zu hinterfragen und zu lernen, wie wir unsere irrationalen Ängste und Sorgen überwinden können.

Insgesamt ist es wichtig, zu lernen, wie man mit Ängsten und Sorgen umgeht und sie bewältigt. Indem wir unsere Ängste und Sorgen akzeptieren, analysieren und uns professionelle Hilfe suchen, können wir lernen, mit ihnen umzugehen und unser Leben in vollen Zügen zu genießen.

Ein weiterer wichtiger Aspekt bei der Bewältigung von Ängsten und Sorgen ist, die Auswirkungen auf unseren Körper und unser Wohlbefinden zu verstehen. Wenn wir ängstlich oder besorgt sind, kann unser Körper auf verschiedene Weise reagieren, wie zum Beispiel mit Herzklopfen, Schwitzen oder Magenschmerzen. Wenn diese Symptome chronisch werden, kann dies zu weiteren gesundheitlichen Problemen führen, wie zum Beispiel Bluthochdruck, Schlafstörungen oder Depressionen.

Es gibt viele Techniken und Strategien, die helfen können, diese Symptome zu lindern und die körperliche Gesundheit zu verbessern. Ein gesunder Lebensstil, der regelmäßige Bewegung, ausgewogene Ernährung und ausreichend Schlaf beinhaltet, kann dazu beitragen, Ängste und Sorgen zu reduzieren. Entspannungstechniken wie progressive Muskelentspannung, autogenes Training oder Atemübungen können ebenfalls hilfreich sein, um Stress abzubauen und körperliche Symptome zu reduzieren.

Darüber hinaus ist es wichtig, auch die emotionale Gesundheit zu berücksichtigen. Soziale Unterstützung durch Freunde, Familie oder professionelle Helfer kann dazu beitragen, das Selbstbewusstsein zu stärken und die emotionale Belastbarkeit zu verbessern. Es ist auch wichtig, positive Selbstgespräche zu führen und sich selbst zu ermutigen, anstatt negative Gedanken und Selbstzweifel zu haben.

Zusammenfassend lässt sich sagen, dass es wichtig ist, eine ganzheitliche Herangehensweise an die Bewältigung von Ängsten und Sorgen zu haben, die sowohl körperliche als auch emotionale Gesundheit berücksichtigt. Eine Kombination aus Entspannungsübungen, gesundem Lebensstil und sozialer Unterstützung kann dazu beitragen, Ängste und Sorgen zu reduzieren und das allgemeine Wohlbefinden zu verbessern.

Inhalt